Constanze Derham

Stoff und Faden

Constanze Derham

STOFF UND FADEN

Materiallexikon

3., erweiterte Auflage

Stoff und Faden
Materiallexikon

Texte + Textilien
www.texte-und-textilien.de
3., erweiterte Auflage, unveränderter Nachdruck 2025

Umschlaggestaltung: Claudia Benter, Berlin – www.claudiabenter.de
Satz: Ralf Steinle, Berlin
Druck und Bindung: ScandinavianBook
Angaben nach GPSR: Verlag Texte + Textilien, Heidelberger Str. 3, Berlin.
buecher@texte-und-textilien.de

ISBN: 978-3-948255-40-4

Gesetzt mit LuaLaTeX und KOMA-Script aus Libertinus und Biolinum

Inhaltsverzeichnis

Über dieses Buch

Mode braucht Stoff, um Wirklichkeit zu werden, und es braucht Wissen und Erfahrung, um den passenden Stoff für ein Kleidungsstück auszuwählen. In diesem Buch werden alphabetisch geordnet die gängigsten Stoffe und andere textile Materialien beschrieben: Fasern, Webarten und andere Herstellungsformen, Muster und Veredelungen, Phänomene wie Einlaufen und Pilling. Der Schwerpunkt liegt dabei auf modernen Bekleidungsstoffen mit gelegentlichen historischen Seitenblicken. Alte Handelsbeziehungen, technische und soziale Entwicklungen fanden ihren Niederschlag in den Stoffnamen und in mancher kurzlebigen Mode, so dass die Geschichte der Stoffe zugleich einen unterhaltsamen Einblick in die Alltagsgeschichte erlaubt. Zum schnellen Nachschlagen gibt es kurzgefasste Hinweise zur Verarbeitung, zu Besonderheiten beim Zuschneiden, zur Wahl der richtigen Nadel beim Nähen und zur zulässigen Bügeltemperatur.

Welches Material bin ich?

Seide oder Plastik? Wolle oder Viskose? Es ist ärgerlich, wenn die Materialzusammensetzung eines Stoffes nicht genau angegeben wird, denn besonders fürs Waschen und Bügeln ist diese Information wichtig. Beim professionellen Prüfen und Beurteilen von Stoffen werden die Fasern einer Reihe von Tests unterzogen. Die Bestandteile von Mischgeweben ermittelt man mit chemischen Tests, für die eine Laborausstattung vonnöten ist. Manche Fasern, z. B. Baumwolle und Viskose oder Schafwolle und Mohair, können nur unter dem Mikroskop sicher voneinander unterschieden werden. Die Brennprobe und die Reißprobe sind unkompliziert, oft kann damit wenigstens der Hauptbestandteil eines Stoffes aufgespürt werden.

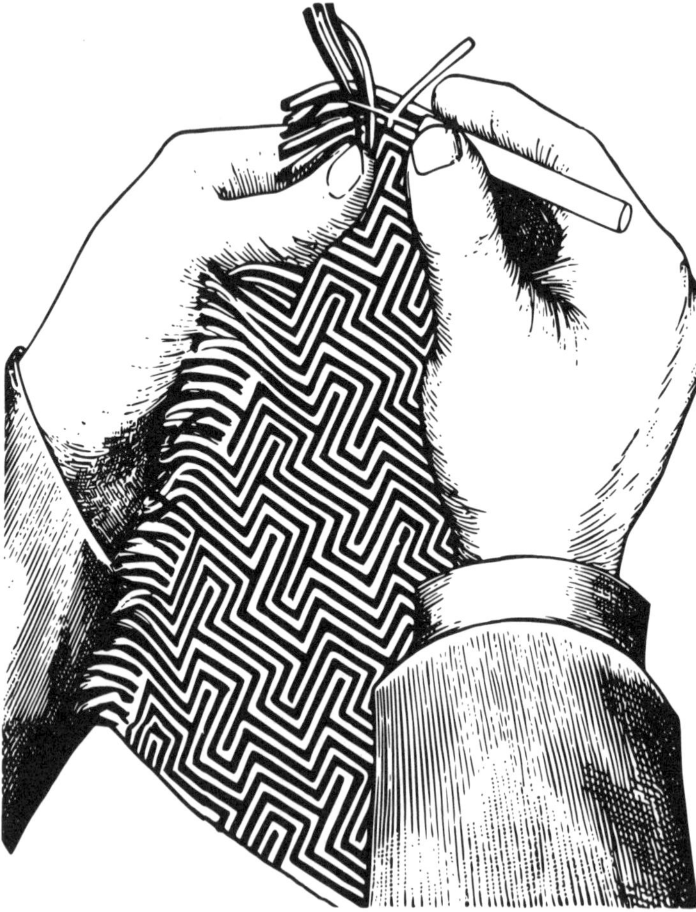

Für die Brennprobe einige Fäden in Längs- und Querrichtung herauslösen

Die Brennprobe

Ziehen Sie jeweils einige Fäden in Kett- und Schussrichtung aus dem Stoff und testen Sie sie getrennt: Bei vielen Mischgeweben besteht der Schuss aus einem anderen Material als die Kettfäden. Zum Anzünden der Fäden eine fest stehende Kerze verwenden und auf einer feuerfesten Unterlage arbeiten, z. B. im Spülbecken. Die Fasern mit einer Pinzette anfassen, sie können schnell aufflammen und sehr heiß werden. Nähern Sie ein Fadenbündel der Flamme waagerecht bis auf 1 cm und beobachten Sie, wie sich das Material in der Nähe der Flamme verhält. Halten Sie ein Fadenbündel in die Flamme, beobachten Sie das Brennen und ziehen Sie dann die Fäden aus der Flamme heraus. Auch die Rückstände können Aufschluss geben, um welches Material es sich handelt.

Baumwolle, Leinen, Viskose/Modal

Baumwolle, Leinen und Viskose fangen schnell Feuer und riechen beim Verbrennen wie Papier. Die Fäden brennen mit einer großen, hellen Flamme und brennen weiter, wenn sie aus der Kerzenflamme gezogen werden. Die Rückstände glühen einen Moment nach, es bleibt nur wenig hellgraue, sehr leichte Asche zurück. Baumwolle, Leinen und Viskose lassen sich bei der Brennprobe nicht unterscheiden, sie zeigen aber bei der Reißprobe unterschiedliche Ergebnisse.

Wolle

Wolle fängt schwerer Feuer als Baumwolle und brennt mit einem brodelnden Geräusch und mit einer kleinen Flamme, die leicht verlischt. Beim Verbrennen riecht Wolle nach verbranntem Haar. Es bleibt ein schwarzer, fester Rückstand zurück, der leicht zwischen den Fingern zerrieben werden kann.

Seide

Brennt mit einem brodelnden Geräusch, ähnlich wie Schafwolle, nur dass der Geruch nach verbranntem Haar nicht so ausgeprägt ist. Die

Flamme ist klein und verlischt oft von selbst wieder. Es bleibt ein schwarzer, fester Rückstand zurück, der leicht zwischen den Fingern zerrieben werden kann.

Acetat, Triacetat

Beide Materialien fangen schon in der Nähe der Flamme an zu schmelzen und verbrennen schnell mit einem brodelnden Geräusch. Das brennende Material riecht scharf-säuerlich, nach Essig. Es bleibt ein kleiner, schwarzer Rückstand übrig, der sich nicht zerreiben lässt.

Acryl

Die Fasern schmelzen schon in der Nähe der Flamme. Acryl brennt mit einem brodelnden Geräusch wie Wolle, die Fasern schrumpfen zuerst zusammen, schmelzen und brennen erst dann. Es entsteht ein stechender Geruch, schwarzer Ruß und eine schwarze Schlacke, die sich nur schwer zerreiben lässt.

Polyamid

Polyamid brennt nicht, sondern schrumpft und schmilzt in der Nähe der Flamme zu einer fadenziehenden, tropfenden Masse, die sehr heiß ist. Abgekühlt ist der Rückstand sehr hart und kann nicht zerrieben werden.

Polyester

Polyester schmilzt in der Nähe der Flamme und gerät nur schwer in Brand. Es brennt mit einem brodelnden Geräusch wie Acryl und bildet Ruß und einen braunen, fädenziehenden Rückstand, der sich nicht zerreiben lässt, wenn er erkaltet ist.

Die Reißprobe

Viskose, Leinen und Baumwolle verhalten sich unterschiedlich, wenn sie nass werden: bei Baumwolle und Leinen nimmt die Festigkeit noch zu, wenn die Faser aufquillt, Viskose reißt hingegen im nassen Zustand leichter als im trockenen.

Ziehen Sie einen längeren Faden aus dem Stoff heraus und feuchten Sie ihn an einer Stelle an. Ziehen Sie an dem Faden, bis er reißt: Viskosefaden reißt an der angefeuchteten Stelle, Baumwollfaden an der trockenen Stelle.

Zwirne, Garne und Garnstärken

Garn entsteht durch das Spinnen, das Zusammendrehen von Fasern zu einem Faden. Solches einfaches Garn wird meistens zu Stoffen verwebt, verstrickt oder gewirkt. Wenn mehrere einfache Garne miteinander verdreht, das heißt verzwirnt werden, entsteht Zwirn und damit ein haltbarerer Faden. Alle Nähgarne sind eigentlich Zwirne, denn sie bestehen aus mehreren Fadensträngen.

Bei den Angaben zur Garn- und Faserfeinheit gibt es unterschiedliche Systeme, die aber immer die Länge eines Fadens oder einer Faser und sein Gewicht, seine Masse, in Beziehung setzen.

tex und dtex (dezitex)

Diese Maßeinheit ist seit den 1950er Jahren international gebräuchlich und gibt das Gewicht der Faser auf 1000 Meter (tex) oder 10 000 Meter (dtex) an. Je größer die Zahl, desto gröber ist das Garn. Baumwollfasern haben durchschnittlich eine Feinheit von 3 dtex, das heißt 10 000 Meter Baumwollfaser wiegen 3 Gramm. Bei einem Garn mit 40 tex wiegen 1000 Meter Garn 40 Gramm.

Denier (den)

Die Einheit Denier stammt aus dem französischen Seidenhandel und war sehr verbreitet, ehe sie von der Einheit tex abgelöst wurde. Heute wird Denier noch zur Angabe der Feinheit von Strumpfhosen verwendet. Die Denier-Zahl gibt das Gewicht eines Fadens von 9000 Metern Länge an. Bei einer Strumpfhose mit 20 den wiegen 9000 Meter Garn 20 Gramm, bei einer Strumpfhose mit 60 den wiegen 9000 Meter Garn 60 Gramm. Auch hier ist das Garn umso gröber, je größer die Zahl ist.

Nummer metrisch (Nm)

Die Einheit Nummer metrisch (Nm) ist bei Wollgarnen üblich und auch die Angaben zur Stärke von Nähgarnen beziehen sich bei vielen Herstellern auf dieses System. Die Zahl gibt an, wieviele Meter eines einfachen Garns 1 Gramm wiegen. Bei einem einfachen Garn mit Nm 100 wiegen 100 Meter Garn 1 Gramm. Hochwertige Wollstoffe für Anzüge, die bisweilen mit dem Zusatz »Super 100« oder »Super 120« verkauft werden, sind aus feinen Kammgarnen gewebt, von denen 100 oder 120 Meter 1 Gramm wiegen. Je größer die angegebene Zahl, desto feiner das Garn.

Die Nummerierung auf den Etiketten von Nähgarnen steht zwar mit der Garnfeinheit im Zusammenhang, die Zahl auf dem Etikett entspricht jedoch nicht der Garnfeinheit mit der Einheit Nm. Jeder Garnhersteller hat ein eigenes System, wie Nähgarne nummeriert werden. Neben der Faserfeinheit spielt die Anzahl der Drehungen des Garns pro Meter, die Anzahl der miteinander verzwirnten Einzelfäden (2-fach, 3-fach, 4-fach oder mehr), die Herstellungstechnik (verzwirntes Garn aus mehreren Strängen oder Umspinnzwirn, der aus einem Kern und einem Mantel besteht) und das Material (Polyester, Baumwolle oder Seide) eine Rolle. International operierende Garnhersteller verwenden für ihre Produkte in verschiedenen Ländern unterschiedliche Etikettierungen mit unterschiedlichen Nummern zur Angabe der Garnstärke. Nähgarne verschiedener Hersteller lassen sich daher nur schlecht vergleichen. Im allgemeinen kann man davon ausgehen, dass ein Garn mit einer höheren Nummer feiner ist als ein Garn desselben Herstellers mit einer niedrigeren Nummer. Standardnähgarn trägt in Deutschland oft die Nummer 100 oder 120, während Knopflochgarn und dickeres Garn zum Absteppen als 40er- oder 60er-Garn bezeichnet werden. Genaueren Aufschluss erhält man oft auf der Webseite des Garnherstellers: Bei den technischen Spezifikationen der Nähgarne wird die Garnstärke manchmal auch in tex oder dtex angegeben.

Die Stoffmustersammlung

Beschreibungen und Bilder können die wichtigsten Eigenschaften eines Stoffes nicht vermitteln. Wie ein Stoff fällt, sein Griff, seine Struktur, Dehnbarkeit und Elastizität, ob er weich, glatt, kühl, fest, flauschig, rau, wärmend oder kühlend, anschmiegsam oder sperrig ist, lässt eine Abbildung nicht erkennen. Stoffe zu beurteilen und einzuschätzen, für welches Nähprojekt sie geeignet sind, ist eine Sache der Übung. Je mehr Stoff durch Ihre Hände geht, um so besser können Sie vergleichen. Je mehr Sie nähen, umso mehr Erfahrungen sammeln Sie, wie sich verschiedene Stoffe unter der Nähmaschine, beim Bügeln und beim Tragen verhalten.

Fassen Sie Stoffe an, wann immer sich die Gelegenheit bietet – neben Stoffgeschäften ist auch hochpreisige Konfektion wegen der verwendeten Materialien interessant. Lassen Sie sich Stoffmuster zuschicken, ehe Sie Stoff bestellen, viele Onlineshops bieten diesen Service kostenlos an. Wenn Sie den perfekten Baumwolljersey, den idealen Blusen- oder Hemdenstoff gefunden haben, fädeln Sie einen Rest auf eine große Sicherheitsnadel auf und nehmen Sie sie zum Stoffkaufen mit, dann können Sie ähnliche Stoffe wie Ihre Lieblingsstoffe identifizieren. Möchten Sie die Vielfalt der Stoffe und Materialien systematisch erforschen, dann legen Sie sich eine Stoffmustersammlung an: Kleben Sie Stoffproben in ein Notizbuch oder einen Block mit Spiralbindung, die sich der wachsenden Sammlung anpassen, und notieren Sie den Stoffnamen, die Materialzusammensetzung und die Webart, die Einkaufsquelle, den Meterpreis und Besonderheiten bei der Verarbeitung, die Ihnen aufgefallen sind. So bekommen Sie Ihr eigenes Referenzwerk mit Griffproben, das Ihnen bei der Stoffauswahl für neue Projekte hilft.

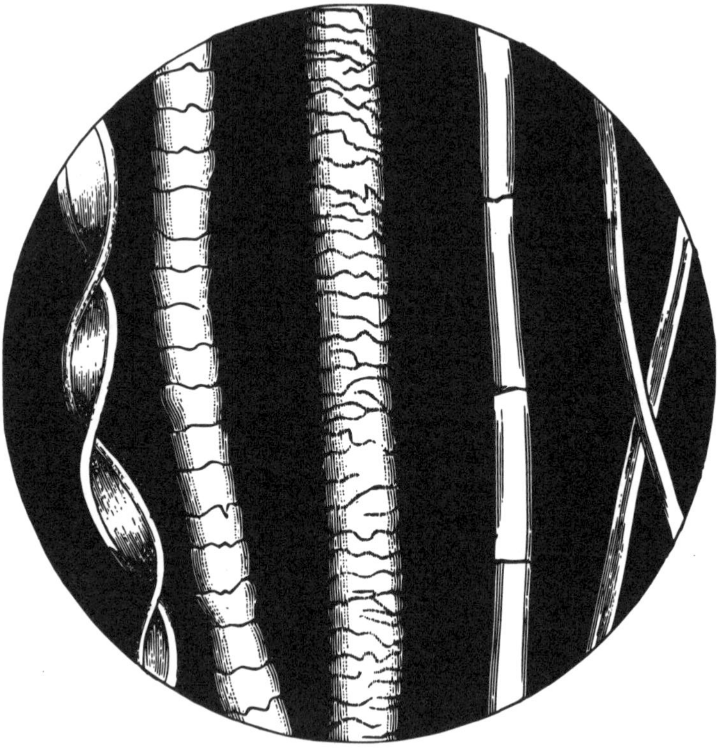

Baumwollfaser, Wollfasern des Lincolnschafs, Leinenfaser, Seidenfilament

Das Stofflexikon

Die Stoffbeschreibungen nennen neben den häufigsten Einsatzgebieten der Stoffe jeweils die Besonderheiten beim Zuschneiden ✂, Nähen und Bügeln. Grundsätzlich gilt: Je dünner und feiner der Stoff, desto feiner die Nadel. Die Bügeltemperatur richtet sich im allgemeinen nach dem Material des Stoffes, bei Materialmischungen gibt der Bestandteil, der die geringste Hitze verträgt, die Temperatur vor. Testen Sie das Nähen und das Bügeln zuerst an einem Stoffrest.

A

Acetat, Triacetat

Acetat wird ähnlich wie → Viskose aus der Zellulose von Holzschnitzeln hergestellt. Während die Zellulose aber beim Viskoseverfahren lediglich in eine flüssige, verspinnbare Form überführt wird, wandelt man die Zellulose hier mit Hilfe von Essigsäure in Celluloseacetat um und löst sie in Aceton. Diese flüssige Masse sprüht man durch Spinndüsen in einen Spinnschacht mit warmer Luft, wo das Aceton verdampft und eine hochglänzende, elastische und wenig knitternde Faser zurückbleibt.

Acetat kann sehr fein versponnen werden und wirkt dadurch sehr leicht, fast wie → Seide, ist aber nicht sehr reißfest. In reiner Form wird es fast nur zu Futterstoffen verwebt, denn Acetat darf oft nicht gewaschen werden. Häufiger kommt Acetat als Zusatz zu Viskose- oder Baumwollstoffen vor, wo es für einen geschmeidigen, weichen Griff und Glanz sorgt.

Textilkennzeichnung: CA, CTA; Bügeln: 100–150 °C (1–2 Punkte)

Acryl

Eigentlich Polyacrylnitril, unter der Kurzbezeichnung Acryl und den Markennamen Dralon, Dolan, Redon, Orlon, Dunova bekannt. Poly-

acryl gehört zu den Synthesefasern, das heißt es besteht aus Kohlenwasserstoffen, die aus Steinkohle oder Erdöl gewonnen und durch chemische Reaktionen zu neuen Großmolekülen zusammengesetzt werden. Die Großmoleküle bilden lange gestreckte Ketten, dadurch sind Synthesefasern sehr fest und haltbar. Die Acrylfaser wird seit 1942 hergestellt, ist sehr hitzebeständig, wetterfest, UV-beständig, weich und elastisch. Da sie sehr gut in texturierter Form hergestellt werden kann, als bauschige, gekräuselte Spinnfaser, hat sie gute wärmeisolierende Eigenschaften und dient oft als Ersatz für Wolle oder als Zusatz zu Wollstoffen. Außerdem wird Acryl zu wetterfesten, schmutzabweisenden Stoffen für Markisen und Gartenmöbel verarbeitet.
Textilkennzeichnung: PAC, PAN; Bügeln: 140–150 °C (1–2 Punkte)

Aida

Handarbeitsstoff aus reiner Baumwolle, teilweise auch aus → Acryl, aus relativ groben, gedrehten Fäden in → Leinwandbindung oder → Panamabindung gewebt und meistens weiß, naturweiß oder leinenfarbig. Der um die Jahrhundertwende speziell für Stickereien entwickelte Stoff hat eine gitterartige Struktur mit deutlich sichtbaren Einstichlöchern zum Beispiel für Kreuzstichstickereien. Die Bezeichnung mit Nummern gibt die Anzahl der Stiche auf 1 oder auf 10 cm an – je größer die Zahl, desto feiner der Stoff.

Ajour

Eine allgemeine Bezeichnung für durchbrochene Stoffe, ob nun gewebt, gewirkt, gestrickt oder gestickt. Der französische Begriff *ajour* stammt ursprünglich aus der Architektur und bezeichnet dort Mauerdurchbrüche oder Öffnungen. Gewebte Ajour-Stoffe haben meistens hohlsaumähnliche durchbrochene Streifen, die aussehen, als wären einzelne Kett- oder Schussfäden herausgezogen worden. Es handelt sich um Drehergewebe, das heißt nebeneinander liegende Kettfäden werden an diesen Stellen umeinander gedreht, ohne dass sie mit einem Schussfaden verwebt werden, so dass ein offenes Fadengitter entsteht.

Bei gewirkten und gestrickten Ajourstoffen entstehen die Öffnungen durch das Umhängen von Maschen auf der Strickmaschine, im Prinzip der gleiche Vorgang wie die Löcherbildung beim Spitzenstricken: Zwei Maschen werden durch Zusammenstricken zu einer zusammengefasst und ein Umschlag als Ersatz für die verschwundene Masche aufgenommen.

Ajourstickerei schließlich bezeichnet eine meist in weiß auf einem weißen, feinen Baumwollstoff ausgeführte Lochstickerei, bei der mit der Ahle gestochene oder eingeschnittene Löcher umstickt werden. Diese Technik war einst auf der portugiesischen Insel Madeira verbreitet, daher wird maschinell hergestellter bestickter Baumwollstoff mit Lochmustern manchmal als Madeirastickerei bezeichnet. Ajourstoffe sind robuster als Spitze und für Blusen, Röcke, Kleider und Kinderbekleidung geeignet.

Mit feiner Maschinennadel (70er) und feinen Stichen (2 mm) nähen. Bei gewirkten Ajourstoffen eine Jerseynadel mit abgerundeter Spitze verwenden.

Temperatur an das Material anpassen, eventuell ein Bügeltuch verwenden, damit das Bügeleisen nicht in dem durchbrochenen Stoff hängenbleibt.

Alcantara

Markenname für einen raulederartigen Stoff aus 68 % Polyester und 32 % Polyurethan, der 1970 in Japan von dem Chemiker Miyoshi Okamoto entwickelt wurde. Okamoto forschte im Auftrag eines japanischen Konzerns an neuen textilen Materialien. Dass sein Stoff Alcantara seit 1972 nicht in Japan, sondern in Italien, in Terni, auf halbem Weg zwischen Rom und Perugia, produziert wird, gilt als geschickter Marketingschachzug: Mit dem klangvollen, vage mediterranen Namen – Alcántara heißt ein kleiner spanischer Ort mit einer berühmten Brücke aus der Römerzeit, Alcàntara ein sizilianischer Fluss – und der Produktion »Made in Italy« profitierte das neue Kunstleder von dem Prestige italienischer Lederwaren. Ein sehr ähnliches Material desselben Erfinders wird seit 1971 auch in Japan selbst produziert und unter dem Namen Ultrasuede vor allem in die USA verkauft (*suede* = Rauleder).

Das Kunstleder gibt es in verschiedenen Stärken von 0,4 mm bis 1,2 mm, elastisch und unelastisch, es eignet sich für Kleidung, aber auch für Polster- und Autositzbezüge. Der Hersteller lobt das Material in den höchsten Tönen: Satte Farben habe es, einen schönen Fall und sei dabei viel haltbarer und pflegeleichter als Rauleder, außerdem wasserabweisend, leicht, weich, atmungsaktiv und knittere nicht. Das Ausgangsmaterial ist ein Mikrofaserfilament, ein endloser Faden aus → Polyester, von dem 900 km weniger als 1 Gramm wiegen. Der Faden wird mehrfach gebündelt, die Fadenbündel werden wie Inseln in ein Polymer aus Polyurethan eingebettet, zu einem filzähnlichen Vlies geschichtet, aufgeschnitten und aufgeraut. Bis heute, mehr als 40 Jahre nach der Erfindung, bleibt der genaue Produktionsprozess ein Geheimnis und wird im Fall von Ultrasuede durch etwa 250 Patente geschützt. Dabei waren Alcantara und Ultrasuede nicht die ersten Zwei-Komponenten-Mikrofasern auf dem Markt, und auch nicht die ersten Lederimitate, sondern vor allem die erfolgreichsten.

Ganz groß heraus kam Alcantara schon in Pariser Haute Couture-Kollektionen im Herbst/Winter 1971. Issey Miyake verwendete Ultrasuede in seiner New York Collection und auch Donna Karan griff im Frühjahr 2001 auf das Kunstmaterial zurück.

✂ Vor dem Zuschneiden prüfen, ob das Material einen Strich hat und ob es elastisch ist, die Schnittteile entsprechend auflegen.

Alcantara kann mit einer Standard-Nähmaschinennadel genäht werden, die Nadelstärke angepasst an die Dicke des Materials. Falls die Maschine Stiche auslässt, eine Microtexnadel speziell für Mikrofaserstoffe verwenden. Alcantara muss in der Regel nicht versäubert werden.

Trocken bügeln, nicht heißer als 110 °C (1 Punkt), und ein Bügeltuch dazwischenlegen. Die Oberfläche anschließend mit einer Bürste aufrauen.

Alpaka

Das sympathische Kleinkamel aus den Anden liefert eine weiche, sehr wärmende Wolle, deren Fasern weniger in sich gekräuselt sind als Schafwolle. Stoffe und Garne aus Alpaka wirken daher nicht so drahtig, fallen weicher und sind weniger formstabil als Textilien aus Schafwolle. Die Alpakas werden traditionell in Hochlagen über 3000 Meter in Herden gehalten und einmal im Jahr per Hand geschoren.

Gewebte Wollstoffe aus Alpaka oder mit Alpaka-Anteil findet man eher selten, die meiste Alpakawolle wird zu Strickwaren und Handstrickgarnen verarbeitet. Feine Baby-Alpaka-Fasern sind mit 18 bis 22 Mikrometer Durchmesser ähnlich fein wie → Kaschmirwolle. Die Verarbeitung von Wollstoffen aus Alpaka unterscheidet sich nicht von anderen Wollstoffen. **Textilkennzeichnung:** WP

Angora

Die sehr weichen, feinen, weißen Unterhaare des Angorakaninchens, die meistens in Mischung mit Wolle zu Strickgarnen und Stoffen verarbeitet werden, da sie sich allein nur schwer verspinnen lassen. Das Innere der Haare enthält luftgefüllte Hohlräume, wodurch Angora bei sehr geringem Gewicht sehr warm hält. Angora war daher lange Zeit ein verbreitetes Material für warme Unterwäsche, wird aber langsam von → Mikrofasermaterialien verdrängt. Viele Bekleidungsfirmen bieten Textilien aus Angora nicht mehr an, da Tierschutzorganisationen Belege lieferten, dass Angorakaninchen in China gerupft statt geschoren werden. Zur Verarbeitung siehe → Wolle.
Textilkennzeichnung: WA

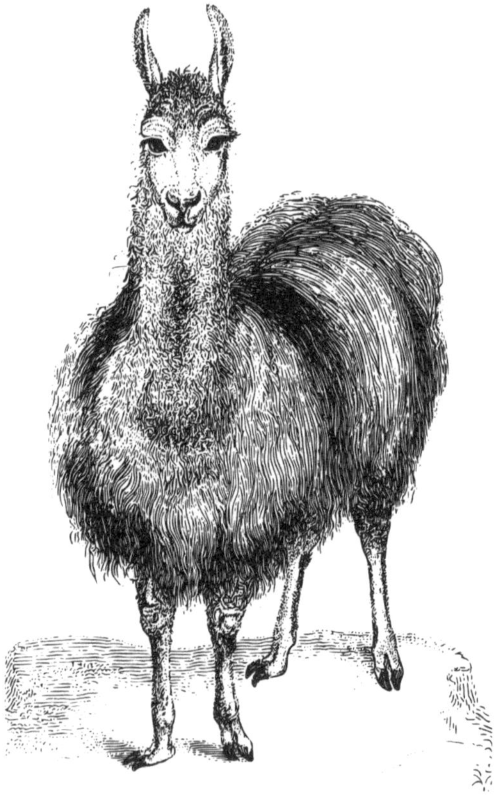

Das Alpaka *Vicugna pacos*

Appretur → Ausrüstung

Aramid
Spezielle Polyamidfasern (Aromatische Polyamide, daher der Name), die extrem reißfest, schnittfest und hitzebeständig sind. Stoffe aus Aramiden wie Kevlar oder Nomex schmelzen erst bei Temperaturen von über 400 °C. Sie werden für Arbeitskleidung, zum Beispiel schnittfeste Handschuhe, Schutzanzüge der Feuerwehr, im Sport (Rennsport, Segeln) und in der Raumfahrt verwendet. Die Faser wird unter UV-Licht schnell brüchig, was sich durch Beschichtungen oder die Verwendung als Futter ausgleichen lässt. Sie hat eine charakteristische goldgelbe bis gelb-beige Farbe.
Textilkennzeichnung: AR

✂ Eine spezielle Schere für Kevlar und andere Aramide verwenden, normale Schneiderscheren werden stumpf.

Atlas → Satin

Atlasbindung → Bindung

Ausbrenner, Ätzsamt, bei anderen Geweben: Dévoré
Ausbrennerstoffe waren Mitte der 1990er Jahre eine Zeitlang sehr in Mode: Samtige Motive in satten Farben, oft Blumenranken oder barocke Ornamente, waren locker auf einem sehr feinen, transparenten, zarter gefärbten oder schwarzen Untergrundgewebe verteilt. Bei Kleidern und Röcken wurde der Ausbrennersamt meistens mit einem andersfarbigen Futter kombiniert, Schals und Blusen waren ungefüttert und zogen ihren Reiz aus dem Wechsel von durchsichtigen und undurchsichtigen Partien.

Solcher Ätzsamt besteht aus zwei verschiedenen Materialien, die unterschiedlich auf Säuren reagieren. Zunächst wird ein feiner, weicher Samt hergestellt, bei dem der Flor aus einem säureempfindlichen Material (z. B. → Acetat) besteht, das Grundgewebe hingegen aus

Materialien wie → Seide, die nicht so leicht von Säure angegriffen werden. Der Stoff wird anschließend mit einer säurehaltigen Paste in Mustern bedruckt, die den Flor stellenweise wegätzt, so dass dort nur der transparente Grundstoff übrig bleibt. *Dévoré* (frz.: verzehrend, brennend) ist die allgemeinere Bezeichnung für Gewebe aus Fasermischungen, bei denen ein Faseranteil in Mustern herausgeätzt wird. Echter Ausbrennersamt ist edel und teuer, das Grundgewebe oder -gewirk sehr fein. Bei günstigeren Stoffen wird die gleiche Optik erzeugt, indem ein transparenter Stoff mit samtigen Motiven beflockt wird (→ Flockdruck).

✂ Ausbrennersamt hat einen Strich, daher müssen alle Schnittteile in derselben Richtung aufgelegt werden.

Bei gewebtem Ausbrenner eine feine Standardnadel (70er) verwenden, bei gewirktem Ausbrenner eine feine Jerseynadel und einen elastischen Stich.

Das empfindliche Material sollte nur vorsichtig von links gebügelt werden, am besten auf einer Samtunterlage, damit der Flor nicht platt gedrückt wird. Das Bügeln vorher an einem Rest testen.

Ausrüstung

Ausrüstung bezeichnet die Behandlung fertig gewebter Stoffe mit Substanzen, die für bestimmte Eigenschaften eines Stoffes sorgen.

Weiche Stoffe werden manchmal mit einer Appretur, einem Füllmittel behandelt, das die Zwischenräume zwischen den Gewebefäden ausfüllt und den Stoff bis zur ersten Wäsche fester und hochwertiger erscheinen lässt.

Eine flammenhemmende Ausrüstung reduziert die Brennbarkeit von Baumwollstoffen, bei Fleckschutz-Ausrüstungen werden Stoffe mit Chemikalien behandelt, die sich weder mit Öl noch mit Wasser verbinden können, so dass wässrige und ölige Flüssigkeiten einfach abperlen. Hygieneausrüstungen, zum Beispiel mit Silberbeschichtungen, hemmen das Wachstum von Bakterien und Pilzen. Imprägnierungen mit Mitteln, die Silikon oder Paraffin enthalten, machen Stoffe wasserabweisend oder wasserundurchlässig.

B

Bäckerkaro → Pepita

Ballonseide → Fallschirmseide

Bastseide → Rohseide

Batist

Batist gehört zu der großen Familie der Baumwollstoffe in Leinwandbindung, die nur schwer untereinander abgegrenzt werden können. Batist ist dünn, weich und sehr feinfädig, feiner als → Cretonne, dicker als → Musselin, er ist das Material, aus dem die feinen Stofftaschentücher gemacht wurden, die in den 1950ern mit Spitzenborten umhäkelt in die Aussteuer wanderten. Ursprünglich aus Leinen, wird er heute aus Baumwolle, auch in Mischung mit → Polyester oder → Modal, aus → Seide und Seiden-Baumwollmischung hergestellt. Bei besonders hochwertigem Baumwollbatist ist die Baumwolle gekämmt und → merzerisiert. Besonders feinfädiger, steifer, durchsichtiger Batist wird Glasbatist oder auch Organdy genannt, er erhält diese Eigenschaften durch Transparentieren, eine Ausrüstung, bei der der gewebte Stoff mit Natronlauge behandelt wird.

Benannt ist der Batist möglicherweise nach seinem ersten Hersteller, einem gewissen Jean Baptiste, der laut einer anderen Quelle Baptiste Cambray hieß. Er soll ein Weber aus dem nordfranzösischen Städtchen Cambrai an der Grenze zu Belgien gewesen sein, einer Gegend, in der besonders hochwertiges Leinen angebaut und verarbeitet wurde. Im

13. Jahrhundert entwickelte Baptiste eine Methode, mit der ein besonders feiner Stoff gewebt werden konnte. Andere Textillexika nennen das indische Wort *baftas*, eine Bezeichnung für weißen Baumwollstoff, als Ursprung des Namens Batist.

Batist eignet sich für Blusen, Hemden, Wäsche, Kinderkleidung und ist ein besonders angenehmes Futter für Sommerkleider. Der Stoff ist zwar fein, aber stabil und hat einen leichten Stand.

Eine feine Nadel (70er) verwenden und mit feinen Stichen (2 mm) nähen.

Batist aus reiner Baumwolle kann sehr heiß und mit Dampf gebügelt werden (3 Punkte/200 °C). Batist aus Mischungen mit Chemiefasern oder Seide mit niedrigeren Temperaturen bügeln.

Baumwolle

Samenfasern der Baumwollpflanze, eines mehrjährigen, 1–2 Meter hohen Strauchs, der in den Tropen und Subtropen wächst und heute vor allem in Indien, China, den USA und Pakistan angebaut wird, in Europa in Griechenland und in der Türkei. In Indien, Ägypten und dem arabischen Raum wurde Baumwolle schon vor Tausenden von Jahren angebaut und verarbeitet und gelangte über Handelsbeziehungen nach Europa. Ihre Stellung als wichtigster Faserlieferant erlangte Baumwolle aber erst mit dem Anbau in Sklavenarbeit auf Plantagen im Süden Nordamerikas und mit der Erfindung von Maschinen zur Baumwollverarbeitung im 18. Jahrhundert, die den Preis für Baumwollfasern und -stoffe sinken ließen.

Die Baumwollkapsel enthält etwa 30 Samen mit 2000 bis 7000 Samenhaaren. Die Kapseln werden heute maschinell gepflückt und die Fasern und die Samen in einer Entkörnungsmaschine voneinander getrennt. Die zu Ballen gepressten Fasern werden vor dem Verspinnen gesäubert, gemischt, aufgelockert und kardiert, das heißt die Fasern

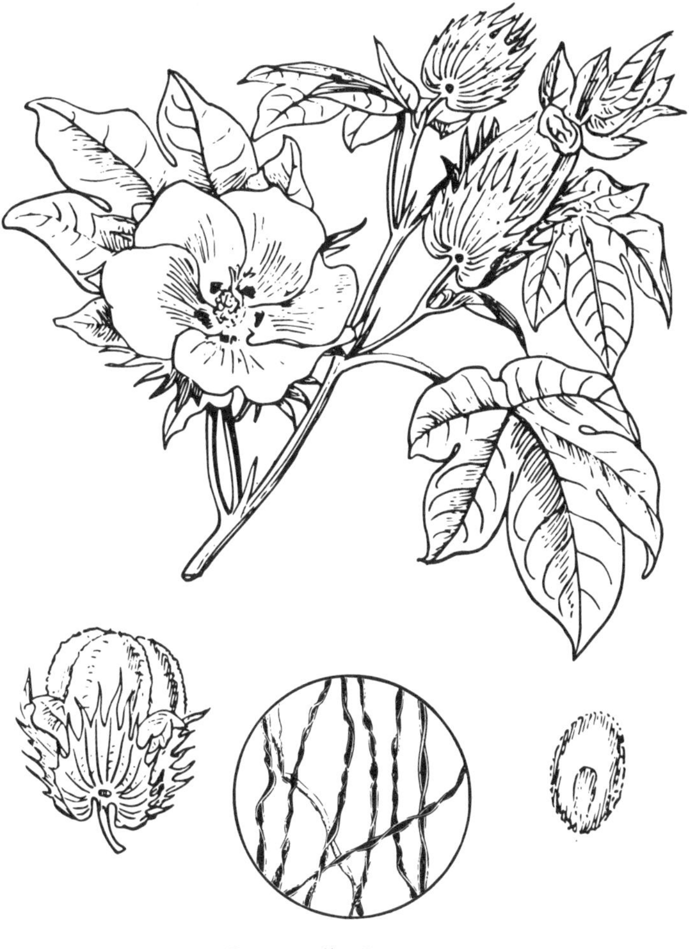

Baumwolle *Gossypium*

werden ordentlich parallel angeordnet, bis sie eine feine, gleichmäßige Schicht aus Fasern, das Kardenband, bilden. Bei besonders hochwertigen Stoffen wird dieses Kardenband nochmals gekämmt, um Schmutz und kurze Fasern zu entfernen. Durch das Zusammenführen mehrerer Kardenbänder, die verstreckt, also in die Länge gezogen und wieder geteilt werden, erzeugt man ein so genanntes Streckenband aus lauter parallel liegenden Fasern, das anschließend versponnen werden kann.

Die Baumwollfasern bestehen aus Zellulose und zeigen unter dem Mikroskop einen nierenförmigen Querschnitt mit kleinen Wachstumsringen, ähnlich wie die Jahresringe bei Bäumen. Die Faser ist in sich etwas verdreht und hat in der Mitte einen kleinen Hohlraum.

Baumwollsorten unterscheiden sich nach der Länge der Fasern (Stapellänge), der Farbe und der Feinheit der Fasern, wobei die Sorten mit den längsten Fasern zugleich auch die feinsten Fasern haben. Besonders hochwertige Baumwollsorten sind die Sorte Mako aus Ägypten mit Fasern von 30–38 mm Länge und die Sorten Pima aus Peru und Sea Island aus den USA mit Fasern von mehr als 39 mm Länge.

Baumwolle kann viel Feuchtigkeit aufnehmen, knittert aber wie alle Fasern aus Zellulose ziemlich stark. Ausrüstungen mit Kunstharzen (→ bügelleicht) und Mischungen mit Chemiefasern, vor allem → Polyester, vermindern das Knittern. Im Wasser quillt Baumwolle auf, die Zelluloseschichten werden dabei gegeneinander gepresst und die Faser wird noch reißfester. Beim → Mercerisieren, einer Behandlung mit Natronlauge, wird das Aufquellen künstlich hervorgerufen.

Typische Stoffe aus Baumwolle sind → Batist, → Biber, → Chambray, → Chintz, → Cord, → Cretonne, → Damast, → Denim, → Frottier, → Gabardine, → Jersey, → Kattun, → Molton, → Nessel, → Oxford, → Popeline, → Renforcé, → Samt.

Textilkennzeichnung: BW, CO; Bügeln: 175–220 °C (3 Punkte)

Beflocken → Flockdruck

Bengaline
Im 19. Jahrhundert ein seidenähnlicher, gewebter Kleiderstoff aus Baumwolle und Seide oder Viskose, ursprünglich aus Bengalen. Heutzutage werden stretchige Hosenstoffe aus Mischungen von Baumwolle oder Viskose, Acetat und Elastan als Bengaline oder Bengalin bezeichnet. Sie sind meistens in Längsrichtung elastischer als in Querrichtung, was beim Zuschnitt beachtet werden muss.

✂ Schnittteile wenn nötig quer zum Fadenlauf auflegen, um die Dehnbarkeit des Stoffs in Längsrichtung auszunutzen.

Beschichtete Baumwolle → Wachstuch

Biber
Kräftiger gewebter Baumwollstoff, der auf beiden Stoffseiten angeraut und daher sehr weich ist, bekannt als Material für kuschelige Bettwäsche. Ein Textillexikon besagt, der Name gehe auf die englische Stadt Beaver, deutsch Biber, zurück. Zwar gibt es in den USA und Kanada zahlreiche Orte, die den Biber im Namen tragen, nicht jedoch in Großbritannien, und auch mit anderen denkbaren Schreibweisen lässt sich ein Ort namens Beaver dort nicht ausfindig machen. Woher der Stoffname Biber wirklich stammt, bleibt also ein Rätsel, zumal der Stoff auf Englisch ähnlich wie bei uns *beaver cloth* heißt.

Denkbar ist, dass der Name auf die Eigenschaften des Biberfells anspielt. Die seidenartige, feine, hellgraue Unterwolle wurde bis ins späte 19. Jahrhundert zur Herstellung sehr haltbarer gefilzter Hüte, der Kastorhüte verwendet. Die Biberhüte waren so teuer, dass sie in frühneuzeitlichen Kleiderordnungen erwähnt und per Testament vererbt wurden, ehe der Zylinder sie im 19. Jahrhundert modisch überholte – zum Glück für den Biber, der in Europa fast ausgerottet worden wäre.

Der feine Flor auf der Oberfläche der Hüte aus gefilztem Biberhaar könnte für die Benennung des Stoffes Biber Pate gestanden haben. Diese Spekulation erscheint umso wahrscheinlicher, da es einen anderen flauschigen, heute nicht mehr gebräuchlichen Stoff gibt, der nach dem Biber (lateinischer Name *Castor fiber*) benannt ist: Castor, ein sehr feines Wolltuch aus → Streichgarn mit flauschiger Oberfläche, das im 19. und frühen 20. Jahrhundert für Besätze an Mänteln und Jacken verwendet wurde und einen kurzflorigen Pelz imitieren sollte.

Bindung

Bindung bezeichnet die Art und Weise, in der Kettfäden und Schussfäden beim Weben eines Stoffes verkreuzt werden. Es gibt nur drei Grundbindungen, von denen alle anderen abgeleitet werden: Die Leinwandbindung (in der Seidenweberei auch Taftbindung und in der Wollweberei auch Tuchbindung genannt), die Köperbindung und die Atlasbindung, die manchmal auch Satinbindung genannt wird.

Bei der **Leinwandbindung** kreuzen sich die längs verlaufenden Kettfäden und die quer verlaufenden Schussfäden im regelmäßigen Wechsel: Der Schussfaden liegt immer abwechselnd über und unter den Kettfäden. Von der Leinwandbindung ist die Panamabindung abgeleitet, dabei werden jeweils zwei Schussfäden abwechselnd über und unter zwei Kettfäden hindurchgeführt. Dadurch bekommt der Stoff eine gut sichtbare würfelartige Struktur. Bei der Ripsbindung werden die Schussfäden ebenfalls ganz regelmäßig im Rhythmus über-unter-über-unter mit den Kettfäden verwoben – aber die Kettfäden und die Schussfäden sind sehr unterschiedlich dick, so dass der Stoff längs oder quer verlaufende Rippen bekommt. Man kennt diese Struktur von Ripsbändern oder gewebten Tischsets.

Die **Köperbindung** erkennt man an feinen diagonalen Rippen auf der Oberfläche des Stoffes. Jeansstoffe (Denim) sind ein typisches Beispiel, aber auch viele Wollstoffe sind in Köperbindung gewebt, die manchmal auch Diagonalbindung oder Sergebindung genannt wird.

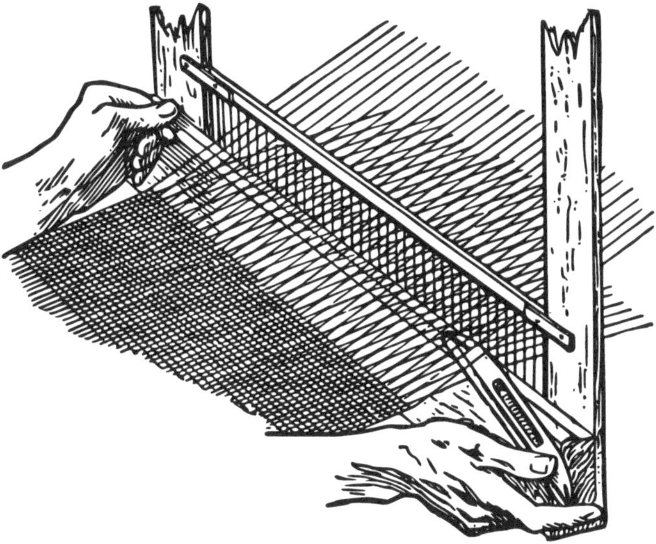

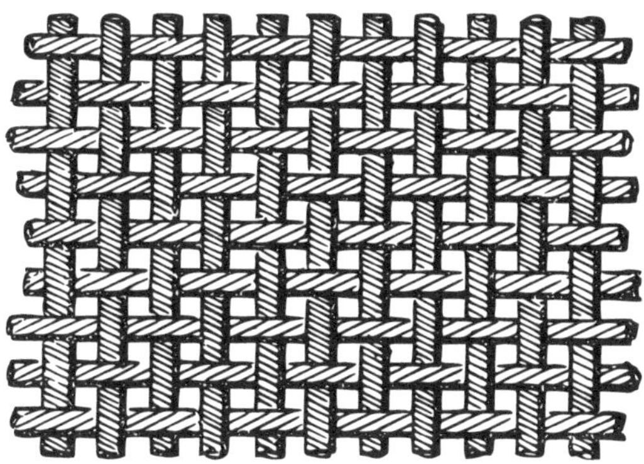

Beim Weben bilden die längs gespannten Kettfäden ein Fach, in das der Schussfaden eingelegt wird

Die Schussfäden werden immer über zwei oder mehr Kettfäden geführt und kreuzen sich erst mit dem dritten. Diese Bindungspunkte sind in der nächsten Webreihe schräg versetzt und bilden auf der Oberfläche des Stoffes die feinen, diagonal verlaufenden Rippen. Weil die Bindungspunkte nicht ganz so dicht nebeneinander liegen wie bei der Leinwandbindung, sind Stoffe in Köperbindung tendenziell etwas flexibler und fallen etwas weicher. Zugleich sind sie auch recht strapazierfähig, da sie meistens sehr dicht gewebt sind. Typische Stoffe in Köperbindung sind → Denim (Jeansstoffe), → Twill und → Diagonal.

Bei der Anordnung der Bindungspunkte auf der Stoffoberfläche gibt es außerdem viele Varianten. Manchmal verlaufen die Grate, die diagonalen Rippen, besonders steil, dann spricht man von Steilgratköper. Fischgratmuster, wie es sie bei Leinen und Wollstoffen gibt, sind ebenfalls eine Variante der Köperbindung. Bei Kreuzköper wechseln die Grate so oft die Richtung, dass eine unregelmäßige, körnige Stoffoberfläche entsteht.

Bei der **Atlasbindung** oder Satinbindung liegen die Kreuzungspunkte von Schuss- und Kettfäden besonders weit auseinander. Ein Schussfaden wird immer über mehrere, oft fünf oder sogar acht Kettfäden geführt, ehe er sich mit einem einzigen Kettfaden verkreuzt. Deshalb liegen auf der Oberfläche des Stoffes immer viele nicht verkreuzte Schussfäden nebeneinander über den Kettfäden. Die Oberfläche des Stoffes ist daher besonders glatt und reflektiert das Licht besonders gut. Aber auch der Fall des Stoffes wird durch die Bindung beeinflusst: Im Vergleich zu einem gleich starken Stoff mit Leinwandbindung fällt Atlas fließender, denn die Kett- und Schussfäden bilden kein starres Gitter, sondern sind durch die weit auseinander liegenden Bindungspunkte gegeneinander beweglich. Zugleich ist Atlas dadurch aber auch weniger haltbar als vergleichbare Stoffe in Leinwand- oder Köperbindung. Bei Kettatlas sind auf der rechten Seite mehr Kettfäden als Schussfäden zu sehen, beim Schussatlas, der häufigeren Variante, ist es umgekehrt.

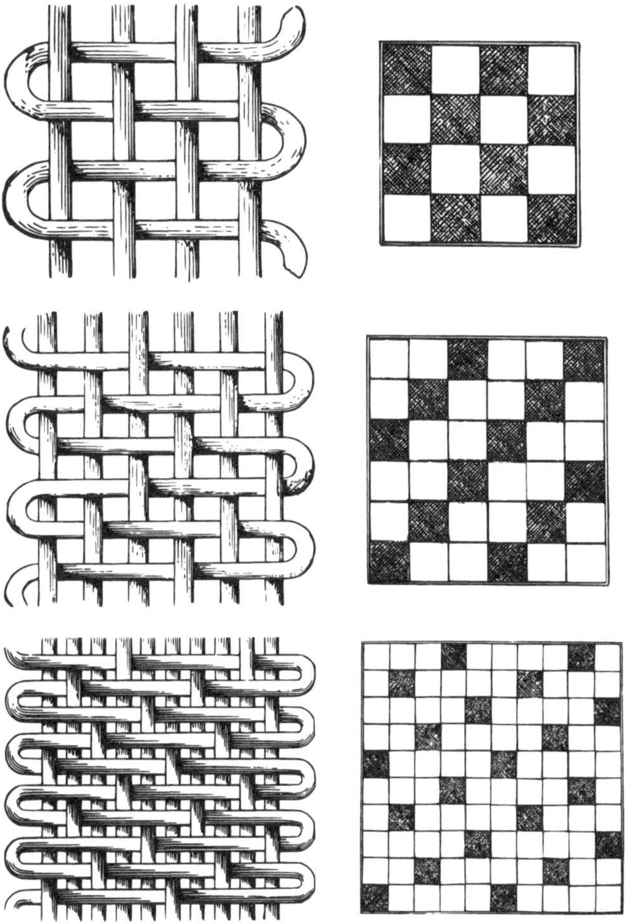

Leinwandbindung, Köperbindung, Atlasbindung

Borkenkrepp

Borkenkrepp gehört in der großen und unübersichtlichen Familie der → Crêpe bzw. Kreppstoffe zu der Gruppe des unechten Krepps oder Ausrüstungkrepps, das heißt seine unregelmäßige Oberflächenstruktur, die an Baumrinde erinnert, wird durch eine chemische Behandlung des Stoffes nach dem Weben erzeugt. Bei Baumwoll- oder Viskosestoffen werden die Knitter des Borkenkrepps durch Kunstharz fixiert, eingeprägt oder durch das Bedrucken mit Lauge (Laugieren) hervorgerufen. Manchmal, wenn auch selten, gehört Borkenkrepp zur Gruppe des Halbcrêpes, dann sind Kreppgarne, übermäßig gedrehte Fäden im Schuss, für die runzlige Oberfläche verantwortlich.

Borkenkrepp eignet sich für Blusen und Kleider, er ist leicht und sehr querelastisch.

✂ Die querelastische Struktur macht das Zuschneiden schwierig: Frisch gewaschen zieht sich der Stoff zusammen, die Falten liegen eng beieinander. Beim Tragen oder durch Bügeln entspannen sie sich, der Stoff wird weicher und Kleidungsstücke wachsen. Beim Zuschneiden muss also in der Weite ein Kompromiss gefunden werden.

Mit feiner bis mittlerer Standardnadel (70er, 80er) und feinen Stichen (2 mm) nähen.

Zwischenbügeln beim Nähen mit einer zum Material passenden Temperatur erleichtert die Verarbeitung, dauerhaft ausbügeln lassen sich die Falten aber nicht.

Bouclé

Dicker Wollstoff für Mäntel und Jacken mit flauschiger, krauser Oberfläche, die durch die verwebten Bouclégarne entsteht. Bouclégarne haben lauter kleine Schlaufen, wie kleine Löckchen, die mit dem Garn verzwirnt sind – *boucle* heißt auf Französisch Locke. Meistens bestehen Bouclésto ffe aus Wolle, manchmal mit kleinen Zusätzen aus

→ Acryl oder → Polyester, manchmal sind auch → Lurexfasern und bunte, glänzende Chemiefasern im Garn verzwirnt. Damit die Löckchen auch im Stoff zur Geltung kommen, sind Bouclèstoffe meistens sehr locker gewebt und fransen sehr leicht aus.

✂ Stoff nach dem Zuschneiden möglichst bald versäubern.

Mit Standardnadeln mittlerer Stärke (80er) und mit mittlerer Stichlänge (2,5 mm) nähen.

Bügeln an einem Rest testen: Bouclé mit Chemiefasern verträgt nicht viel Hitze, während Wollbouclé durch den Druck beim Bügeln leicht platt gedrückt werden kann.

Bourette

Ein Seidenstoff in Leinwandbindung, für den die äußeren, gröberen Schichten des Seidenkokons und Abfälle, die bei der Herstellung feinerer Seiden entstehen, verwendet werden. Der Name deutet auf die unedle Herkunft dieses Stoffes hin: *bourre* sind auf Französisch Faserabfälle oder Fasern für Kissenfüllungen. Das verwebte Garn aus den Seidenresten ist unregelmäßig und noppig, oft ist auch der verwebte Schussfaden viel dicker als die Kettfäden. Bouretteseide macht deshalb einen sehr natürlichen Eindruck, ist matt und grob, der Fall ist oft in Längs- und Querrichtung sehr unterschiedlich. In den 1990er Jahren war Bouretteseide als Material für Blusen und Hemden ziemlich verbreitet, heute findet man Kleidung aus Bouretteseide eher in Eine-Welt-Läden als in Bekleidungsgeschäften. Für eng anliegende Kleidung ist diese Seide nicht gut geeignet, da sich die Nähte in dem lockeren Gewebe sehr leicht auseinanderziehen. Wenn man die Seide mit einem zweiten Stoff (z. B. Baumwollbatist) unterlegt und die Nahtlinien mit feinen Streifen aufgebügelter Einlage verstärkt, lassen sich auch Etuikleider und Blazer aus Bouretteseide nähen.

Die Schnittteile sollten möglichst bald versäubert werden, da sie durch die groben Fäden sehr stark ausfransen.

Zum Nähen verwendet man eine Standardnadel mittlerer Stärke (80er) und eine mittlere Stichlänge (2,5 mm).

Seide bei mäßiger Temperatur (2 Punkte/150 °C) trocken bügeln.

Brokat

Die kostbaren Brokatstoffe wurden in früheren Zeiten aus Seide mit echten Metalldrähten hergestellt. Heute entstehen Brokatstoffe meistens aus Chemiefasern, aus → Polyester oder → Acetat mit → Lurex, mit eingewebten mehrfarbigen, üppigen Mustern in Jacquardtechnik, das heißt das Muster ist eingewebt und erscheint auf der Rückseite des Stoffes in umgekehrten Farben: Die Musterfarben der Vorderseite erscheinen als Hintergrund, die Hintergrundfarbe bildet das Muster. Der Name ist wohl von dem italienischen Wort *broccato*, bestickt, abgeleitet. Brokatstoffe sind sehr fest, steif und für Etuikleider, Abendkleider, Jacken, Mäntel, Westen, enge Röcke und Hosen und Dekorationen geeignet.

Die Muster sind oft sehr groß, daher ist Sorgfalt bei der Musterplatzierung nötig. Die Schnittteile alle in der gleichen Richtung auflegen, wenn das Muster einseitig ausgerichtet ist oder der Stoff in der einen Richtung anders schimmert als in der anderen.

Mit mittlerer Nadelstärke (80er) und größerer Stichlänge (3 mm) nähen.

Nur sehr vorsichtig von der linken Seite und eventuell mit einem dazwischen gelegten Bügeltuch bügeln – zuerst an einem Rest testen, wie viel Hitze der Stoff verträgt.

Broché, Broschiergewebe

Kleider- oder Dekostoffe mit eingewebten mehrfarbigen Mustern in Jacquardtechnik, bei denen die Muster jedoch nicht über die gesamte Stoffbreite reichen, sondern wie bunte Inseln auf einem einfarbigen Grund liegen. Auf der Stoffrückseite sind die Fäden des Musterschusses zwischen den Motiven unterbrochen oder gehen hin und her, die Musterinseln haben daher auf der linken Stoffseite oft einen fransigen Rand. Verarbeitung wie →Jacquard.

Bügelleicht, bügelfrei

Eine →Ausrüstung mit Kunstharz für Baumwollstoffe, besonders Oberhemden- und Blusenstoffe. Unbehandelte Baumwollfasern ziehen sich in der Wäsche zusammen, sie nehmen wieder die natürliche, leicht korkenzieherartig gedrehte Form der Baumwollfaser in der Kapsel an. Das Zusammenziehen der Fasern zeigt sich bei Baumwollstoffen als Knittern: Der Stoff bekommt eine unruhige Oberfläche, und die mechanische Beanspruchung in der Waschmaschine, vor allem beim Schleudern, zerknickt die Fasern noch weiter. Beim Bügeln wird die Kräuselung der Faser mit Hilfe von Hitze, Druck und Dampf wieder geglättet. Das Kunstharz der Bügelleicht-Ausrüstung verbindet und umhüllt die Fasern in den Baumwollgarnen wie ein Korsett und verhindert, dass sie sich beim Kontakt mit Wasser wieder zusammenziehen können. Der Stoff kommt fast glatt aus der Wäsche und muss vor dem Aufhängen nur leicht ausgeschüttelt werden – »restliche Knitter verschwinden vom selbst beim Tragen am Körper«, wie das Etikett einer Schweizer Hemdenmarke so sympathisch verspricht. Die Kunstharze werden nach und nach ausgewaschen, so dass die Bügelleicht-Ausrüstung mit der Zeit nachlässt.

So vorteilhaft die Bügelleicht-Ausrüstung für Blusenträgerinnen ohne Bügelhobby ist, so nachteilig ist diese Behandlung des Stoffes manchmal fürs Nähen, denn die Ausrüstung macht Bügeln nicht nur unnötig, sie verhindert es auch: Nähte lassen sich oft kaum ausbügeln, verstürzte Kanten bleiben sterrig und lassen sich nicht plattbügeln. Die für Oberhemden typische Verarbeitung mit Kappnähten und Absteppungen kann diesen Stoff bändigen und ermöglicht ein professionell aussehendes Ergebnis.

C

Canvas

Dicht gewebter, grober, sehr fester, schwerer Stoff in Leinwand- oder Panamabindung, heute meistens aus Baumwolle oder wetterfestem → Acryl (Dralon) für Markisen und Liegestuhlbezüge, ideal für Taschen, dünner und aus Naturfasern auch für sportliche Hosen und Jacken geeignet.

Canvas wurde ursprünglich aus → Hanf hergestellt. Spezialisierte Hanf-Versender im Internet bieten heute wieder solche strapazierfähigen Hanfstoffe an, denn Hanf ist noch reißfester und scheuerresistenter als Baumwolle. Der englische Name *canevas* und das eingedeutsche Canvas sind von *Cannabis*, dem lateinischen Namen der Hanfpflanze abgeleitet.

✂ Canvas kann sehr dick und fest sein, daher muss er unter Umständen einlagig zugeschnitten werden, wenn zwei Lagen für die Schere zu dick sind.

Kräftige Jeansnadeln (90er oder stärker) und eine große Stichlänge (3 mm) beim Nähen verwenden. Bei Stücken, die sehr strapaziert werden, sollte das Garn ebenso strapazierfähig sein, es eignet sich z. B. Polstergarn aus Polyester.

Canvas aus Baumwolle heiß und mit Dampf bügeln, Canvas aus Acryl mit entsprechend niedrigerer Temperatur (1 Punkt/110 °C).

Chambray, Cambrai, Kambrik

Ein dicht gewebter, dünner Stoff in Leinwandbindung aus Baumwolle oder → Leinen, eine Unterart des → Batistes, benannt nach dem Städtchen Cambrai in Nordfrankreich im Département Nord, seit dem Spätmittelalter ein Zentrum der Leinenverarbeitung. Chambray hat farbige Kettfäden, meistens blau, schwarz oder rot, die mit einem weißen Schussfaden verwebt werden. Aus der Ferne wirkt der Stoff einfarbig hellblau, grau oder rosa. Zur Verarbeitung siehe → Batist.

Changeant

Bezeichnung für einen Stoff aus glänzendem Material, bei dem die Kettfäden und die Schussfäden verschiedene Farben haben, so dass der Stoff je nach Blickrichtung und Lichteinfall in unterschiedlichen Farben schimmert. Der Name ist vom französischen Verb *changer* abgeleitet, das wechseln bedeutet. Festliche Stoffe wie Seiden- oder Chemiefasertaft, → Dupionseide und → Jacquards zeigen oft diesen zweifarbigen Effekt.

✂ Beim Zuschneiden müssen alle Schnittteile in der gleichen Richtung aufgelegt werden, wenn das Kleidungsstück einheitlich aussehen soll.

Charmeuse

Wenn man einem Modejahrzehnt einen bevorzugten Stoff zuordnen möchte, dann waren die 1920er Jahre das Jahrzehnt der Kunstseide, genauer gesagt: Der Charmeuse aus → Viskose, einem glänzenden, glatten, schwer fallenden, gewirkten Stoff. Die leichte Dehnbarkeit der bezaubernden Charmeuse machte sie ideal für sportliche Unterwäsche und gerade fallende, fließende Kleider, die die Trägerin bei den wilden Tänzen dieses Jahrzehnts nicht einengten.

Heute wird Charmeuse oft aus → Nylon oder → Acetat hergestellt und als dehnbares Futter für Röcke und Jerseykleider verwendet, stärkere Qualitäten mit → Elastan dienen immer noch als Material für

Unterwäsche. Technisch gesehen handelt es sich bei Charmeuse um eine Kettenwirkware mit zwei Fadensystemen, also um einen gewirkten Stoff mit einer rechten und einer linken Seite, auf der die gestrickten Maschen jeweils in einer anderen Richtung verlaufen: Auf der Vorderseite stehen sie senkrecht, auf der linken Seite verlaufen sie waagerecht. Charmeuse ist durch diese Verbindung zweier Schichten zwar querelastisch, aber gleichzeitig sehr formstabil und weitgehend gegen Laufmaschen immun.

✂ Zum Zuschneiden ein Laken unterlegen, falls der Stoff sehr rutscht.

Mit einer feinen Jerseynadel (70er) und einem elastischen Stich oder mit der Overlock nähen.

Mit niedriger Temperatur (1 Punkt/110 °C) bügeln.

Cheviot → Tweed

Chevron → Fischgrat

Chiffon, Crêpe Chiffon

Chiffon bedeutet auf Französisch Lappen, Putzlappen oder Lumpen. Wie der elegante, hauchzarte, transparente Stoff aus → Seide oder Chemiefasern zu diesem despektierlichen Namen gekommen ist, der sich für unsere Ohren wenigstens recht elegant anhört, dafür gibt es keine Erklärung. Ein Textilbuch hält die Bezeichnung für einen Spottnamen, der sich verfestigt habe – weil der leichte, weiche, locker in Leinwandbindung gewebte Stoff im Vergleich zu einem standfesten → Taft tatsächlich fällt wie ein alter Lappen? Chiffon, genauer: Crêpe Chiffon gehört zu den echten → Crêpestoffen, das heißt seine körnige Oberfläche kommt durch die verwebten stark überdrehten Garne zustande. Chiffon eignet sich für leichte Blusen und Kleider und wird meistens gemeinsam mit einer darunterliegenden undurchsichtigen

Stofflage verarbeitet. Da der Stoff so zart ist, sind sehr körpernahe Schnitte nicht möglich, da die Nähte leicht reißen.

✂ Da der Stoff sehr fein, fließend und rutschig ist, gelingt das Zuschneiden am besten auf einer weichen Unterlage wie einem ausgebreiteten Laken.

Beim Nähen eine sehr feine, neue Nadel (60er oder 70er) und feines Garn verwenden. Mit feinen Stichen (2 mm) möglichst mit Geradstichfüßchen und Geradstichplatte nähen, das verhindert, dass der Stoff in den Transporteur gerät und Fäden gezogen werden.

Chiné
Nach dem Prinzip des → Ikats bedruckte Stoffe oder deren Imitationen.

Chintz
Großblumig oder orientalisch bedruckter Chintz, Ausstattung englischer Cottages von Agatha Christie bis Rosamunde Pilcher – die Vorliebe der Briten für den bedruckten Baumwollstoff in Leinwandbindung mit glänzender Oberfläche rührt noch aus den Zeiten des Empire her, als diese Stoffe aus Indien importiert wurden. Sie wurden für den Schiffstransport mit Harzen und Wachs behandelt, damit sie nicht verschmutzen: Der Name Chintz soll laut Oxford-Wörterbuch auf das Hindi-Wort *chīṃṭ* zurückgehen, das Spritzer oder auch Fleck bedeutet. Eingedeutscht wurde der Name Chintz zuerst zu Zitz, heute verwendet man fast nur noch den englischen Namen.

Die glänzende Oberfläche des Chintzes wird heute mit Hilfe von Imprägnierungen, zum Beispiel mit Silikon, und Kalandern erzielt, einer Behandlung des Stoffes mit sehr heißen Walzen. Durch die Beschichtung ist der dicht gewebte Baumwollstoff recht steif, glänzend und schmutzabweisend, weswegen Chintz oft für Möbelbezüge und

Tischdecken verwendet wird. Einfarbiger Chintz, oft aus Baumwolle mit Polyesterbeimischung, wurde in den 1980er Jahren aber auch zu sportlicher Bekleidung wie Hosen und leichten Mänteln verarbeitet.

✂ Mit Standardnadel mittlerer Stärke (80er) und mittlerer Stichlänge (2,5 mm) nähen. Falls das Stichbild unsauber ist, eine Microtexnadel ausprobieren, die den sehr dichten Stoff leichter durchstechen kann.

Von der linken Stoffseite bügeln, Temperatur auf die Materialzusammensetzung abstimmen.

Cloqué

Die Übersetzung des französischen Namens Cloqué – *cloquer* bedeutet: Blasen bilden – verdeutlicht, worum es sich bei diesem Stoff handelt: Cloqué ist ein → Doppelgewebe oder Hohlgewebe, es besteht also aus zwei Schichten Stoff, die partiell miteinander verbunden sind, wobei die Oberseite mehr oder weniger regelmäßige oder unregelmäßige Blasen wirft. Bei der Herstellung werden die zwei Schichten aus unterschiedlichen Garnen gewebt: Die Oberseite besteht aus glatten Garnen, das untere Gewebe aus → Crêpegarnen, also stark überdrehtem Garn. Der Stoff wird nach dem Weben angefeuchtet, wobei die Crêpegarne schrumpfen und die Oberseite des Stoffes zusammenziehen. Cloquéstoffe gibt es aus Baumwolle, Wolle und Chemiefasern. Sie eignen sich für ungefütterte leichte Jacken, für Röcke und Mäntel.

Mit Standardnadeln mittlerer Stärke und mittlerer Stichlänge (2,5 mm) nähen.

Temperatur auf die Materialzusammensetzung abstimmen und an einem Rest testen, ob die blasige Struktur durch Bügeln in Mitleidenschaft gezogen wird.

Cord, Cordsamt, Genuacord, Manchester
Technisch gesehen ist Cord ein Schusssamt, das heißt beim Weben des Stoffes werden zusätzliche Schussfäden mit eingewebt, die aufgeschnitten werden (Cordsamt) oder unaufgeschnitten bleiben (Reitcord, Whipcord) und flauschige, mehr oder weniger breite, längs verlaufende Rippen bilden. Die vielen Namen des Cords – benannt wohl nach dem englischen *cord*, dicke Schnur – deuten auf seine weite Verbreitung hin: als Möbelbezugsstoff, als Material für Arbeitskleidung (Zimmerleute, Soziologen), für Jacken, Hosen, Röcke, Mäntel, feine Qualitäten (Babycord) für Hemden, Blusen und Kinderbekleidung. Hergestellt wird Cord heute meistens aus → Baumwolle, zum Teil mit Beimischungen von → Polyester oder → Elastan, es gibt ihn einfarbig, zweifarbig – dann haben das Grundgewebe und der Flor unterschiedlichen Farben – und bunt bedruckt.

✂ Der Flor des Cords hat eine Strichrichtung, daher müssen alle Schnittteile in der gleichen Richtung aufgelegt werden. Im allgemeinen wird so zugeschnitten, dass der Strich bei dem fertigen Kleidungsstück von unten nach oben verläuft, weil so die Farbe besonders satt wirkt. Cord fusselt sehr beim Zuschneiden und löst sich leicht auf, die Teile sollten daher möglichst bald versäubert werden.

Genäht wird mit mittlerer Standardnadel (80er) und mittlerer Stichlänge (2,5 mm), an die Stoffstärke angepasst.

Beim Bügeln ist Cord, anders als Samt, fast immer sehr robust und kann bedenkenlos von links gebügelt werden.

Cordura
Kräftiger, sehr abriebfester gewebter Stoff in Leinwandbindung aus → Nylon für Rucksäcke und Motorradbekleidung, Markenzeichen der Firma Dupont.

✂ Unbeschichtete Cordura-Stoffe, die leicht ausfransen, können an den Schnittkanten mit einem Feuerzeug verschweißt werden.

Mit kräftiger Nadel (90er, 100er) und stärkerem Nähgarn (80er), jeweils an die Stoffdicke angepasst.

Bei geringer Hitze (ein Punkt/120–150 °C).

Crash, Crincle

Sammelbegriff für meistens leicht transparente Stoffe mit unregelmäßigen Knitterfalten aus verschiedenen Materialien. Bei Stoffen mit einem hohen Chemiefaseranteil sind diese Knitterfalten dauerhaft und überstehen auch die Wäsche. Crashstoffe bestehen meistens aus → Filamentgarnen, sie werden also aus sehr dünnen, endlosen Polyesterfäden gewebt und anschließend kreuz und quer in Falten gelegt, die durch Hitze und Druck fixiert werden. Dabei werden die langen Molekülketten, aus denen die Polyesterfilamente bestehen, dauerhaft geknickt.

Crinclestoffe mit unregelmäßigen Knittern in Längsrichtung gibt es auch aus anderen Materialien: Als dünne gewebte Stoffe mit einem hohem Anteil an Chemiefasern, aber auch aus → Seide. Crinclefalten in Naturfaserstoffen sind nicht dauerhaft, sie lassen sich – mindestens zum Teil – ausbügeln und müssen nach dem Waschen durch Verdrehen des Stoffes aufgefrischt werden.

Crash- und Crinclestoffe sind für leichte, wenig figurbetonte Kleider, Blusen, Röcke und Schals geeignet. In den 1990er Jahren waren bodenlange gecrashte Seidenröcke beliebt, die gleich mit einer Anleitung zum Knittern und einem Stoffsäckchen zum Waschen und Aufbewahren verkauft wurden, ähnlich wie die skulpturalen Delphos-Kleider des italienischen Modeschöpfers Mariano Fortuny. Um 1900 entwickelte er ein geheimgehaltenes Verfahren, mit dem er Seidenkleider in unregelmäßige Längsfalten legte. Die Kundin konnte sie kostenlos zum Auffrischen und Nachknittern einschicken.

✂ Beim Zuschneiden dürfen die Knitterfalten nicht zu sehr glattgestrichen werden, damit das genähte Kleidungsstück die Crashoptik behält. Verstürzte Details wie Blusenkragen und Knopfleisten können aus Crash- und Crinklestoffen nur schlecht genäht werden – statt Bügeleinlage in zu verstärkende Teile am besten einen festen Stoff einarbeiten.

Mit feiner bis mittlerer Standardnadel (70er, 80er) und mittlerer Stichlänge (2,5 mm) nähen.

Nicht bügeln.

Crêpe, Krepp

Crêpe und Krepp bilden zwei Zweige einer Stofffamilie, in der sich zwar alle Familienmitglieder vom Aussehen her ähneln, die aber von den inneren Werten her nicht viel miteinander zu tun haben. Leider kommt es in der Öffentlichkeit immer wieder zu Verwechslungen der beiden Familienzweige – Krepp ist nicht einfach nur eine andere Schreibweise für Crêpe. Alle Mitglieder der Crêpe-Krepp-Familie sind weich fallende Stoffe mit einer unregelmäßigen körnigen Oberflächenstrukur. Sie bestehen aus → Wolle oder → Seide, Chemiefasern oder → Viskose und aus Mischungen dieser Fasern, seltener aus Baumwolle.

Die körnige, griffige Oberfläche kommt durch unterschiedliche Vorgänge zustande. Echter Crêpe und alle seine Brüder und Schwestern wie Crêpe de Chine, Crêpe Georgette, Crêpe Satin und so weiter werden aus überdrehten Garnen, so genannten Crêpegarnen gewebt. Man kann sich das Überdrehen so wie beim Verzwirnen von Kordeln vorstellen: Wenn man mehrere Fäden zu einer Kordel zusammendreht, kommt irgendwann der Punkt, an dem die Kordel zu stark gedreht ist, um noch eine glatte Schnur zu bilden, sie wird knotig, hart und unregelmäßig und steht sehr stark unter Spannung. So ähnlich ist es auch mit den überdrehten Garnen. Während ein normales Nähgarn etwa 600 bis 1200 Drehungen auf einen Meter Garn hat, sind es bei Crêpegarnen bis zu 2250 Drehungen pro Meter. Verwebt werden dann Crêpegarne, die in entgegengesetzte Richtungen gedreht wurden, meistens folgen abwechselnd zwei linksherum gedrehte Garne und zwei rechtsherum gedrehte Garne aufeinander.

Wenn die Crêpegarne nicht mehr im Webstuhl aufgespannt sind, lässt ihre Spannung nach. Die Garne können sich wieder etwas aufdrehen, ziehen sich zusammen, und der Stoff bekommt dadurch eine körnige Oberfläche. In der Wäsche läuft Crêpe oft stark ein, weil sich die in die Länge gezogenen Garne entspannen und miteinander verdrehen. Da die Garne im Stoff einen entgegengesetzten Drall haben, gleichen sich die Spannungen gegenseitig aus, der Stoff bekommt einen weicheren Fall und ist weniger starr als ein vergleichbarer Stoff in Leinwandbindung aus nicht-überdrehten Garnen. Außerdem ist Crêpe so gut wie knitterfrei: Die Fäden sind so drahtig und elastisch, dass sie durch Falten kaum noch verformt werden können.

Halbcrêpe steht zwischen den Familienzweigen Crêpe und Krepp: Überdrehte und nicht-überdrehte Garne werden gemeinsam verwebt, zum Beispiel bei Crêpe de Chine, Crêpe lavable, Crêpe marocain und Crêpe Satin.

Bei Kreppstoffen hingegen wird die unregelmäßige Oberfläche erst nach dem Weben erzeugt. Es handelt sich also um Stoffe, die aus normal gedrehten Garnen gewebt wurden und die anschließend durch eine Ausrüstung mit Kunstharzen oder durch Prägen mit erhitzten Walzen eine Kreppstruktur bekommen.

Beim Verarbeiten gibt es zwischen Krepp und Crêpe kaum Unterschiede, die Stoffe eignen sich für fließende Röcke, Hosen und Kleider, stärkere Qualitäten auch für gefütterte Jacken und Kostüme.

Crêpe lavable (frz. *lavable*: waschbar): Feiner Stoff aus → Filamentgarnen, also aus → Seide oder Chemiefasern (→ Polyester, Acetat), dichter als → Crêpe de Chine, aber wie dieser ein Halbcrêpe, mit Kettfäden aus Crêpegarnen und wenig gedrehtem Garn als Schussfaden, gewebt in Leinwandbindung.

Crêpe marocain (frz. *marocain*: marokkanisch) ist ein Halbcrêpe, der wie → Crêpe de Chine gewebt ist. Die Kettfäden sind nur leicht gedreht, glatt und glänzend, die Schussfäden bestehen aus stark gedrehten Crêpegarnen, sie sind aber gröber als die Kettfäden, so dass der Stoff eine gekräuselte, griffige Struktur mit leichten Querrippen bekommt. Crêpe marocain wird meistens aus → Viskose hergestellt, er ist für locker sitzende Kleider und Blusen, aber auch als Futterstoff geeignet.

Crêpe romain (frz. *romain*: römisch) ist ein lose gewebter, matter Vollcrêpe mit stark gedrehten Kett- und Schussfäden aus Seide oder Chemiefasern. Die Fäden sind in → Panamabindung verwebt, das heißt es liegen jeweils zwei Schussfäden parallel, die über und unter jeweils zwei Kettfäden hindurchgeführt werden, so dass der Stoff eine würfelartige Webstruktur bekommt. Weil er außerdem locker gewebt ist, also die Fäden nicht dicht nebeneinander liegen, ist Crêpe romain leicht durchsichtig. Geeignet ist er für locker sitzende Blusen, Kleider und Röcke.

✂ Je nach Stoffstärke und Material gestaltet sich das Zuschneiden einfach oder etwas schwieriger – sehr dünne, rutschige Crêpe- und Kreppstoffe breitet man am besten auf einem Laken oder dem Teppich aus, so dass sie beim Schneiden nicht wegrutschen.

Die Stärke der Nähnadel und die Stichlänge sollte wie immer an die Stoffstärke angepasst werden – eine feine Nadel und feine Stiche für dünne Stoffe, für kräftigen Wollcrêpe eine mittlere Nadel (80er) und eine mittlere Stichlänge (2,5 mm).

Die Bügeltemperatur auf die Materialzusammensetzung abstimmen, Wollcrêpe nur von links oder mit Bügeltuch bügeln, da leicht Glanzstellen entstehen.

Crêpe Chiffon → Chiffon

Crêpe de Chine

Crêpe de Chine ist ein Halbcrêpe, besteht also zum Teil aus überdrehten Crêpegarnen, zum Teil aus normal gedrehten Garnen. Hier sind die Schussfäden überdreht, und zwar abwechselnd in S-Richtung (rechtsherum) und Z-Richtung (linksherum), während die Kettfäden nur leicht gedreht sind. Die Garne werden in Leinwandbindung verwebt. Die Oberflächenstruktur wird als »winzige, verstreute Sternchen« beschrieben – der Stoff ist aber so fein, dass sie mit bloßem Auge kaum zu erkennen ist. Ursprünglich wird Crêpe de Chine aus → Seide hergestellt, daher der Hinweis auf das Seidenland China im Namen. Heutzutage gibt es diesen Stoff aber auch aus → Polyester in einer Qualität, die nur per Brennprobe von Seide zu unterscheiden ist. Crêpe de Chine ist fließend, weich und kann sehr leicht, fast transparent sein und ist dann für Blusen, Tops und Schals geeignet, es gibt aber auch Crêpe de Chine in mittlerer Stoffstärke, geeignet für Kleider und Röcke.

✂ Crêpe de Chine in einfacher Lage zuschneiden und ein Laken unterlegen, damit der Stoff beim Schneiden nicht wegrutscht.

Sehr feine Stecknadeln und eine feine, neue Standard- oder Microtexnadel (60er oder 70er) verwenden und mit mittlerer Stichlänge (2,5 mm) nähen. Wenn möglich einen Geradstichfuß und eine Geradstichplatte verwenden, damit der Stoff nicht in den Transporteur gezogen wird.

Temperatur auf die Materialzusammensetzung (Seide oder Chemiefaser) abstimmen. Seide nur trocken bügeln.

Crêpe Georgette → Georgette

Crêpe lavable → Crêpe

Crêpe marocain → Crêpe

Crêpesatin
Crêpesatin ist ein Halbcrêpe aus → Seide oder Chemiefasern mit stark gedrehtem Crêpegarn als Schuss und glattem, glänzenden, wenig gedrehtem Garn als Kettfaden. Kett- und Schussfäden sind in Atlasbindung miteinander verwebt, wobei sich die sehr dichte, glatte Kette aus sehr feinem Garn auf der Oberseite über die stark gedrehten, matten Crêpegarne im Schuss schiebt. Crêpesatin hat daher zwei unterschiedliche Seiten: Auf der stark glänzenden Oberseite sieht man vor allem die Kette, auf der stumpfen, körnigen Unterseite den Schuss. Der Stoff ist sehr weich und fließend und wird oft für Abendkleider verwendet, so dass mal die glänzende, mal die matte Seite zu sehen ist. Crêpesatinstoffe können sich im Gewicht und in der Empfindlichkeit stark unterscheiden: Dünne Qualitäten aus → Seide sind sehr empfindlich, während Stoffe aus → Polyester, die oft unter den Bezeichnungen Brautsatin oder Partysatin angeboten werden, recht stabil und robust sind.

✂ Dünnen, rutschigen Crêpesatin zum Zuschneiden in einfacher Lage auf einem Laken oder einer anderen weichen Unterlage ausbreiten, damit er sich beim Schneiden nicht verschiebt, und nur mit ganz feinen Nadeln stecken.

Mit einer sehr feinen Standardnadel oder einer Microtexnadel (60er oder 70er) mit feinen Stichen nähen (2 mm) und bei dünnen Stoffqualitäten nach Möglichkeit Geradstichplatte und Geradstichfuß verwenden.

Crêpesatin aus Seide mit geringer Hitze und ohne Dampf bügeln, er ist sehr anfällig für Wasserflecke. Crêpesatin aus Polyester ist robuster, will aber auch nicht zu heiß gebügelt werden.

Crêpe romain → Crêpe

Cretonne

Cretonne gehört zu der großen Klasse mittelfester Baumwollstoffe in Leinwandbindung, die nur schwer untereinander abgegrenzt werden können. Cretonne ist meistens mit Mustern bedruckt, in feineren Qualitäten als Stoff für Nachtwäsche, Blusen und Kleider geeignet, gröbere Qualitäten werden als Dekostoff für Vorhänge verwendet. Einige Stofflexika setzen ungebleichten Cretonne mit → Nessel gleich, andere bezeichnen Cretonne als den typischen traditionellen Stoff für Dirndl. Auch die Herkunft des Namens erscheint legendenhaft: In einem Fachbuch ist von einem französischen Erfinder des Cretonne namens Paul Creton die Rede, ein anderes Buch konkretisiert, Cretonne sei von Paul Creton 1640 in dem Ort Créton in der Normandie erfunden worden und ursprünglich ein Stoff aus Hanf und Leinen, ab Mitte des 18. Jahrhunderts ein Stoff aus reinem Leinen gewesen, mit dem man Sofas bezogen habe.

Mit Standardnadeln mittlerer Stärke (80er) und mit mittlerer Stichlänge (2,5 mm) nähen.

Mit Einstellung für Baumwolle (3 Punkte/200 °C) bügeln, auch mit Dampf.

Cupro, Kupferkunstseide

Cupro ist eine seidenähnliche, schwer fallende, sehr feine und stabile → Viskosefaser, die in den letzten Jahren vom Stoffmarkt verschwunden war, neuerdings aber als umweltfreundliche, nachhaltige Recyclingfaser angepriesen wird. Sie wird aus so genannten Linters hergestellt, Flusen und Faserabfällen aus der Baumwollspinnerei, die sich nicht mehr verspinnen lassen. Die Verwertung von Produktionsresten für eine neue textile Faser ist zwar löblich, der Herstellungsprozess von Cupro oder Kupferkunstseide, wie die Faser bei ihrer Erfindung

Ende des 19. Jahrhunderts hieß, galt aber noch in den 1990er Jahren als so umweltbelastend, dass Cupro in Europa nicht mehr produziert wurde. Die Baumwollabfälle werden unter anderem mit Kupfersalz und Ammoniak behandelt, wodurch sich die Zellwände der Baumwolle auflösen und eine Spinnlösung entsteht. Nach dem Ausspinnen in eine wassergefüllte Kammer, das Fällbad, wird die Cuprofaser aufgewickelt und sehr stark gestreckt, ehe schließlich die Lösungsmittel und die Kupfersalze in einem sauren Bad wieder ausgewaschen werden. Eine umweltverträgliche Produktion ist also nur gewährleistet, wenn auch die Abwässer in einem geschlossenen System aufgefangen und wiederverwertet werden.
Textilkennzeichnung: CUP; Bügeltemperatur: 150 °C (2 Punkte)

D

Damast

Ein kräftiger, einfarbiger Stoff aus → Baumwolle, → Leinen, → Seide, → Polyester oder Mischungen mit Ton-in-Ton eingewebten, meistens großflächigen Mustern, die sich als matte Muster auf glänzendem Grund oder umgekehrt zeigen. Baumwolldamast wird für Tischdecken, Servietten und in früheren Jahrzehnten auch für Bettwäsche verwendet, heute sind selbst Damasttischdecken oft aus Chemiefasern und solcher Chemiefaserdamast wird auch für Vorhänge, Jacken, leichte Mäntel, Röcke und Etuikleider eingesetzt. Die subtilen hell-dunklen Muster, die besonders gut bei schrägem Lichteinfall sichtbar sind, kommen durch einen Wechsel der Webart zustande: Damast ist in Atlasbindung gewebt, wobei in einigen Musterpartien vor allem der Kettfaden auf der Oberfläche der Stoffes hervortritt, in anderen Partien der Schussfaden. Die Muster erscheinen daher als glänzende Motive auf mattem Grund, auf der Rückseite des Stoffes erscheint das Muster umgekehrt: Was auf der Vorderseite glänzt, ist auf der Rückseite matt.

Der Name Damast ist wohl von der Stadt Damaskus in Syrien abgeleitet, in der früher sehr kostbarer Seidendamast hergestellt wurde, der schon im Mittelalter nach Europa gelangte.

✂ Da der Stoff je nach Blickrichtung einen anderen Schimmer hat, müssen alle Schnittmusterteile in der gleichen Richtung aufgelegt werden. Die linke Stoffseite bei den zugeschnittenen Teilen markieren, das erleichtert das richtige Zusammennähen.

Mit einer Maschinennadel mit mittlerer Stärke (80er) und mit mittlerer Stichlänge (2,5 mm) nähen.

Je nach Materialzusammensetzung bügeln. Baumwolldamast kann sehr heiß und mit Dampf gebügelt werden.

Denim

Der typische strapazierfähige Jeansstoff in Köperbindung mit indigoblauen Kettfäden und weißen Schussfäden. Der Name Denim soll eine Verkürzung und Verballhornung der Bezeichnung *Serge de Nîmes* sein, also Köperstoff aus Nîmes in Südfrankreich, während Jeans – als Name für das Kleidungsstück gebräuchlicher als für den Stoff – von *Gênes*, dem französischen Namen für die Hafenstadt Genua abgeleitet sein soll, über die die meisten Baumwollexporte Italiens verschifft wurden. Aber so genau möchte sich nicht einmal das Jeansmuseum in Buttenheim, dem fränkischen Geburtsort Levi Strauss', festlegen. Denim wirkt eher blau als weiß, weil die Kettfäden stärker hervortreten. Da nur die äußere Schicht der Kettfäden gefärbt ist, werden Gebrauchsspuren sichtbar, wenn der Stoff abgerieben wird.

Denimstoffe gibt es in verschiedenen Stärken, geeignet für Hemden, Blusen und Kinderkleidung, aber auch für robuste Hosen, Jacken, Röcke und Mäntel. Bei sehr dünnen Stoffen in Denimoptik handelt es sich allerdings um oft → Chambray und damit um kräftigen → Batist in Leinwandbindung mit blauen Kettfäden und weißen Schussfäden.

Zum Nähen je nach Stoffstärke kräftige Jeansnadeln mit dreieckigem Querschnitt (Stärke 90–110) verwenden und eine größere Stichlänge (3 mm). Die typischen dekorativen Absteppungen an Jeansbekleidung werden mit einem stärkeren Garn in messinggelb, orange, weiß, hellgrau, ocker oder braun und einer Stichlänge von 3–4 mm gesteppt, in der Unterfadenspule verwendet man Standardnähgarn. Für eine schöne Steppnaht ist eine Topstitchnadel mit größerem Öhr hilfreich – aber nur, wenn der Denim nicht zu dick ist.

Denim ohne Elastananteil kann heiß mit Baumwolltemperatur (3 Punkte, 200 °C) gebügelt werden. Bügeln mit Dampf erst an einem Rest ausprobieren: Der Stoff kann abfärben, wenn er angefeuchtet wird.

Deutschleder, Pilot

Ein sehr schwerer, fester, sehr steifer, auf der linken Stoffseite gerauter schwarzer oder dunkler Baumwollstoff für Berufskleidung (Zimmermannshosen).

90er Standardnadel, mittlere Stichläge (3 mm).

Mit Baumwolleinstellung (3 Punkte/200 °C).

Dévoré → Ausbrenner

Diagonal

Kräftige, in Köperbindung gewebte Stoffe, meistens aus → Wolle oder Wollmischungen, bei denen die diagonalen Rippen der Webart besonders stark hervortreten. Kettfäden und Schussfäden haben bei diesen Stoffen oft unterschiedliche Farben, so dass feine, zweifarbige, diagonale Streifen entstehen. Je nach Stärke eignet sich Wolldiagonal für Kleider, Röcke und Hosen, aber auch für Jacken und Mäntel.

✂ Das Zuschneiden ist unproblematisch, grob gewebter Diagonal neigt zum Ausfransen und sollte nach den Zuschnitt möglichst schnell versäubert werden.

Mit Standardnadeln mittlerer Stärke (80er) und mittlerer Stichlänge (2,5 mm) nähen.

Diagonal aus Wolle von links mit Wolltemperatur (2 Punkte/150 °C) und etwas Dampf bügeln, auf der rechten Stoffseite ein Bügeltuch dazwischen legen.

Donegal → Tweed

Doppelgewebe, Hohlgewebe

Doppelgewebe bestehen aus zwei dünnen Stoffen, die in regelmäßigen Abständen miteinander verbunden sind. Beim Weben gibt es zwei Fadensysteme, also zweimal Kettfäden und Schussfäden, die beiden Stofflagen werden gleichzeitig gewebt. An den Schnittkanten lassen sich die beiden Stoffe voneinander trennen und man kann sehen, dass sie nur punktuell zusammenhängen – daher auch der Name Hohlgewebe, die beiden Stofflagen liegen »hohl«, das heißt ohne Füllung aufeinander. Vorder- und Rückseite können unterschiedliche Muster aufweisen, sind aber meistens aus dem gleichen oder ähnlichem Material. Japanische *Double Gauze* aus Baumwolle ist hauchzart und sehr weich, aufgrund der beiden Lagen aber trotzdem blickdicht. In kräftiger Qualität können Hohlgewebe auch aus → Wolle oder Chemiefasern hergestellt werden.

Nadelstärke und Stichlänge an die Stoffstärke anpassen. Nähte können fast unsichtbar gearbeitet werden, wenn man an den Kanten der Schnittteile die beiden Stofflagen vorsichtig voneinander trennt und die Nähte zuerst in der äußeren Stofflage schließt. Die Nahtzugaben der zweiten, inneren Stofflage dann gegeneinander einkippen und mit der Hand unsichtbar gegen die Naht säumen.

Doppelripp → Jersey

Doubleface

Doubleface ist eine Sammelbezeichnung für Stoffe mit zwei rechten Seiten, die in verschiedenen Techniken hergestellt werden. Als → Doppelgewebe bestehen sie aus zwei Stofflagen, die beim Weben punktuell miteinander verbunden werden. Bei gebondeten oder bondierten Stoffen werden zwei oder mehr Lagen flächig miteinander verklebt, zum Beispiel bei → Neopren, das aus einer Schaumstoffschicht mit aufkaschiertem Jersey besteht, aber auch bei vielen Outdoor-Funktionsstoffen, bei denen eine → Klimamembran mit einem festeren Stoff verbunden wird. Eine dritte Art sind Stoffe mit eingewebten Mustern in → Jacquardtechnik, bei denen das Muster der Vorderseite auf der Rückseite in umgekehrter Farbverteilung erscheint – streng genommen handelt es sich nicht um echten Doubleface, da der Stoff keine zwei rechten Seiten hat, sondern lediglich eine linke Seite, die ganz besonders ansehnlich ist.

Bei Funktionsstoffen ist meistens eine Außenseite bei der Verarbeitung vorgegeben, da bei Membranen der Feuchtigkeitstransport nur in eine Richtung funktioniert. Bei dekorativen Doubleface-Stoffen können beide Stoffseiten als Außenseite genutzt werden – als Schnitte bieten sich daher lockere Jacken und Mäntel ohne Abnäher und mit wenigen Teilungsnähten an, so dass die Kleidungsstücke gewendet werden können.

✂ Bei Doubleface-Stoffen mit integrierter Membran nur auf den Nahtzugaben stecken, da sich die Löcher der Nadeln nicht mehr schließen.

Wenn der Stoff aus zwei trennbaren Lagen besteht, werden die Nähte zuerst in einer Lage genäht und die Nahtzugaben der zweiten Lage gegeneinander eingekippt und mit der Hand an die Naht gesäumt.

Temperatur auf das Material abstimmen – bei manchen Funktionsstoffen wird die Imprägnierung gegen Feuchtigkeit durch Bügeln erneuert.

Double Gauze

Leichter, durchlässiger, weicher, in Leinwandbindung doppelt gewebter Baumwollstoff, häufig aus Japan oder Südkorea. Der Stoff besteht aus zwei (oder bei *Triple Gauze* sogar drei) Stofflagen, die beim Weben punktuell miteinander verbunden werden. Die sehr zarten, durchsichtigen Lagen bekommen gemeinsam mehr Substanz und werden blickdicht.

Double Gauze ist ideal für flatterige Sommerkleidung, Nachtwäsche und Kinderkleidung. Formelle Kleidungsstücke lassen sich nicht so gut daraus nähen, denn Double Gauze hat oft eine leichte blasige Struktur ähnlich wie eine Windel, ist sehr matt und weich und neigt etwas zur Formlosigkeit. Kleidungsstücke brauchen reichlich Mehrweite, denn die Nähte sind in Double Gauze nicht sehr belastbar. Double Gauze unbedingt vorwaschen und dabei die Schnittkanten versäubern, sie kann sehr stark einlaufen. → Musselin

Feine bis mittlere Standardnadel (70er, 80er) und mittlere Stichlänge (2–3 mm)

Baumwolltemperatur 180–200 °C (3 Punkte)

Drell, Drillich, Zwillich

Drell ist ein sehr fester, robuster Stoff aus → Baumwolle oder → Leinen in Köperbindung, aus dem früher die Bezüge von Matratzen, aber auch Berufskleidung und Schürzen für Metzger und Bäcker gemacht wurden. Matratzendrell ist meistens weiß mit schwarzen, blauen oder roten eingewebten Streifen und heute als shabby-chicer Dekostoff beliebt. Seine besondere Strapazierfähigkeit kommt von den Kettfäden, die aus verzwirntem, also besonders stabilem Baumwollgarn bestehen.

Mit kräftiger Standardnadel (90er) und mittlerer Stichlänge (2,5 mm) nähen.

Mit Baumwolltemperatur (3 Punkte/220 °C) und viel Dampf bügeln.

Duchesse
Stoff in Atlasbindung aus → Seide, → Viskose, → Acetat oder → Polyester mit einer sehr stark glänzenden Vorderseite und matter Rückseite, oft schwerer als normaler → Satin. Der Glanz entsteht durch die Kettfäden aus glänzenden, wenig gedrehten → Filamentgarnen, die sehr dicht nebeneinander an der Oberfläche des Stoffes erscheinen. Der Name – *duchesse* bedeutet auf französisch Herzogin – lässt schon auf den noblen Verwendungszweck schließen: Duchessesatin wird häufig für Abendkleider und Brautkleider verwendet, aber auch als kräftiger Futterstoff für Wintermäntel und -jacken.

✂ Duchesse ist sehr rutschig und empfindlich, daher auf einem Laken ausbreiten und einlagig zuschneiden. Der Stoff besitzt manchmal einen je nach Richtung unterschiedlichen Schimmer, dann alle Schnittteile in der gleichen Richtung auflegen. Teile mit sehr feinen Stecknadeln nur in den Nahtzugaben zusammenstecken.

Zum Nähen eine neue, feine Standardnadel (60er oder 70er) oder eine Microtexnadel verwenden und mit geringer Stichlänge nähen (2 mm).

Sehr vorsichtig mit einer auf das Material abgestimmten Temperatur und nur von links und ohne Dampf bügeln – der Stoff könnte für Wasserflecken anfällig sein.

Dupion

Kräftiger, glänzender, oft zweifarbig changierender Seidenstoff mit unregelmäßiger Struktur. Die Kettfäden sind sehr dünn und glatt und werden mit einem unregelmäßig dicken, noppigen Schussfaden aus Schappeseide verwebt. Dieser Schussfaden wird aus kurzen Fadenabschnitten und Abfällen von Anfang und Ende des Kokons gesponnen, die bei der Produktion von Seide anfallen.

Ursprünglich wurden Doppelkokons für Dupionseide verarbeitet, Seidenkokons, bei denen sich zwei Raupen in einem gemeinsamen Kokon befinden und die daher für die Gewinnung sehr hochwertiger Seidengarne nicht geeignet sind, weil der Spinnfaden nicht gleichmäßig genug ist. Sie wurden bei der Seidenproduktion aussortiert und die beiden Fäden gemeinsam abgehaspelt. Der Name Dupion geht dementsprechend angeblich auf das italienische Wort *duplicato*, verdoppelt, zurück.

Dupion ist sehr steif und fest und leicht zu vernähen, allerdings nicht sehr strapazierfähig gegenüber Reibung und Zug, daher sollten die verwendeten Schnitte nicht allzu eng auf Figur sitzen und Kleidungsstücke gefüttert werden. Beim Waschen verliert Dupion oft viel von seiner Substanz und seinem Glanz und wird erheblich weicher, daher ist der Stoff am besten für Kleidungsstücke geeignet, die nicht regelmäßig gewaschen werden müssen: Abendkleider, Brautkleider, Kostüme, leichte Mäntel und Westen.

✂ Bei zweifarbig gewebter Dupionseide changiert die Farbe je nach Richtung unterschiedlich, die Schnittteile müssen daher alle in einer Richtung aufgelegt werden.

Mit Standard-Maschinennadeln mittlerer Stärke (80er) und mit mittlerer Stichlänge (2,5 mm) nähen. Falls der Stoff unter Zug an der Naht nachgibt, die Nahtlinien auf der linken Stoffseite vor dem Nähen mit schmalen Streifen aufbügelbarer Einlage verstärken.

Vorsichtig von links ohne Dampf bügeln – Dupionseide behält Wasserflecken zurück (2 Punkte/160 °C).

Dutch Wax → Waxprint

Duvetine, Pfirsichhaut

Ein angerauter und geschmirgelter Baumwollstoff in → Köper- oder Atlasbindung, der auf der rechten Seite wie Rauleder oder → Samt wirkt – der deutsche Name Pfirsichhaut beschreibt die Oberfläche sehr zutreffend. Der Name Duvetine ist vom französischen *duvet*, Flaum, Daune, abgeleitet. Neben ganzen Kleidungsstücken wie Hosen und Jacken, werden in der Konfektion manchmal die Besätze von Kragen oder Ärmelflecken bei Jacketts, die an Reiterjacken oder den englischen Landadel erinnern sollen, aus Duvetine gearbeitet, denn dieser Stoff ist robuster als Samt, sieht aber ähnlich aus.

Mit Standardnadel (80er) und feinen Stichen (2 mm) nähen, eine Microtexnadel ausprobieren, wenn der Stoff sehr dicht ist und das Stichbild nicht zufriedenstellend ausfällt.

Bügeln möglichst nur von links oder mit einem Bügeltuch, da sich die Nahtzugaben durchdrücken können. Temperatur auf die Materialzusammensetzung abstimmen.

E

Econyl

Markenname für recyceltes → Nylon, unter anderem aus gebrauchten Fischernetzen, sogenannten »Geisternetzen«, gebrauchten Strumpfhosen und aus Nylonstoffresten aus der Bekleidungsindustrie.

Einlage

Einlagen, die bestimmte Teile des Kleidungsstücks verstärken, sorgen dafür, dass die Form erhalten bleibt. Es gibt sie in verschiedenen

Stärken und Festigkeiten, aus Vlies, aus Gewebe oder Wirkware, zum Aufbügeln, Einnähen oder Pikieren, dem Aufnähen von Hand, mit stabilisierenden Fäden, mit Wattierung oder ohne.

Vlieseinlagen, z. B. Vlieseline. Vlieseinlagen als Meterware bestehen aus kreuz und quer liegenden → Polyesterfasern, die zu einem zusammenhängenden Vlies in unterschiedlichen Stärken verdichtet wurden. Sie sind auf der Rückseite meistens mit Kleber beschichtet, der entweder in kleinen, dicht nebeneinander liegenden Pünktchen oder als ganze Fläche aufgetragen ist. Der Kleber wird beim Bügeln verflüssigt und verbindet sich mit dem Stoff, der verstärkt werden soll. Manche Vlieseinlagen haben eingearbeitete, durchgehende dünne Fäden in Längsrichtung, die ein Ausdehnen der verstärkten Schnittteile besonders effizient verhindern sollen. Andere Vlieseinlagen sind speziell für Jerseystoffe konzipiert und daher in Querrichtung leicht dehnbar. Vlieseinlagen gibt es in weiß und schwarz oder dunkelgrau, selten auch in anderen Farben. Im Vergleich zu gewebten Einlagen sind Vlieseinlagen weniger haltbar, ihre Verstärkungswirkung lässt oft nach einiger Zeit nach, die Einlage wird weich, wenn sie mechanisch beansprucht wird.

✂ Vlies hat keinen Fadenlauf (Vlies mit Verstärkungsfäden allerdings schon – sie verlaufen in Längsrichtung), es kann daher besonders gut ausgenutzt werden, weil die Schnittteile kreuz und quer aufgelegt werden können.

Das Aufbügeln geschieht meistens bei trockener Hitze und der Bügeleiseneinstellung für Wolle (2 Punkte/150 °C), einige Einlagen müssen mit Dampf aufgebügelt werden. Temperatur an einem Rest testen: Bei zu hoher Bügeltemperatur schmilzt das Vlies, bei zu niedriger Temperatur klebt es nicht.

Gewebeeinlagen mit Klebeschicht. Gewebte Einlagen bestehen aus leichtem oder mittelschwerem Stoff aus Baumwolle in Leinwandbindung wie z. B. → Batist, die auf einer Seite mit Bügelkleber beschichtet wurden. Der Kleber verflüssigt sich unter der Hitze des Bügeleisens und verbindet sich mit dem zu verstärkenden Stoff. Gewebeeinlagen sind auf die Dauer stabiler als Vlies und können beim Aufbügeln nicht schmelzen. Sie verstärken den Oberstoff auch unabhängig von der Klebewirkung, wenn sie in den Nähten mitgefasst werden.

✂ Beim Zuschneiden der Einlage muss auf den Fadenlauf geachtet werden.

Meistens mit trockener Hitze und der Bügeleiseneinstellung für Wolle (2 Punkte/150 °C).

Gewebeeinlagen ohne Klebeschicht. Dazu zählt Seidenorganza als leichte, großflächige Verstärkung für Blazer, enge Röcke oder Blusenkragen. Die Schnittteile werden meistens komplett mit Seidenorganza unterlegt, das heißt der → Organza wird genauso wie der Oberstoff zugeschnitten und mit dem Oberstoff zusammen wie eine Stofflage verarbeitet und in allen Nähten mitgefasst. Kleidungsstücke, die mit Organza verstärkt wurden, können nur sehr schonend gewaschen werden, da Seide gegenüber Laugen sehr empfindlich ist und sich bei jedem Waschgang ein Teil des Seidenleims herauswäscht, der für die Steifheit des Organzas sorgt.

Rosshaareinlage oder Plack ist ein naturfarbenes Gewebe in Leinwandbindung mit Kettfäden aus → Wolle oder → Baumwolle und Schussfäden, die wenigstens zum Teil Rosshaar enthalten. Heute wird Rosshaar oft durch Kunststoffe ersetzt. Rosshaar ist sehr elastisch und behält diese Elastizität anders als Vlieseinlagen auch dauerhaft bei. Rosshaareinlagen werden in der gehobenen handwerklichen Schneiderei zur Verstärkung und Formgebung von Mänteln, Jacken und Sakkos verwendet. Die Einlage wird durch Pikieren, ein fast unsichtbares Aufnähen auf der linken Stoffseite von Unterkragen und Revers, mit dem Oberstoff verbunden, dabei werden zugleich die Rundungen des Kragens geformt.

Stäbchen und Bänder für spezielle Anwendungen:

Crinoline oder Horsehairbraid ist ein 5–10 cm breites, tüllartiges und daher sehr flexibles, formbares Band, das zum Verstärken von Rock- und Mantelsäumen eingenäht wird, wenn der Saum bei Schnitten aus dem 1950er Jahren oder bei historischer Mode abstehen soll. Es besteht heute aus Kunststofffäden (Polyethylen) und hat mit der Krinoline, dem rosshaarverstärkten Unterrock der 1830er Jahre, nichts mehr zu tun.

Rigilene ist ein Stäbchenband vom Meter aus Plastik in weiß oder schwarz zum Einnähen in Corsagen und Kleidoberteile zur Versteifung. Rigilene ist zwar steif, aber wenig flexibel, Knicke gehen nicht mehr heraus. Echte Korsetts, die den Körper formen sollen, werden daher mit formstabilerem Federstahl verstärkt.

Hanselband ist ein Hilfsmittel zum Einkräuseln von Trachtenröcken. Beim Einkräuseln per Hand diente früher ein Streifen dünner Baumwollstoff mit eingewebtem Karomuster als Richtlinie für gleichmäßige Heft- oder Smokstiche. Moderne Hansel funktionieren wie ein Gardinenband: Sie werden auf der linken Stoffseite aufgenäht und enthalten eingewebte Fäden, die auf die gewünschte Taillenweite angezogen werden und den Oberstoff kräuseln.

Wattierte Einlagen, z. B. Watteline. Eine leichte, voluminöse Einlage, die als wärmendes Zwischenfutter bei Jacken und Mänteln oder zum Aufpolstern eingesetzt werden kann. Sie besteht aus einem locker gestrickten Strickstoff aus flauschigen Fasern, meistens → Viskose mit → Wolle, und haftet von selbst an rauen Oberstoffen, wenn sie zugleich in den Nähten mitgefasst wird.

Einlaufen

In Fachkreisen redet man auch von »Einsprung«, und das beschreibt den Vorgang, dass sich Textilien in der Wäsche in der Länge und

Breite verkürzen, im Grunde zutreffender als das Wort Einlaufen; die Fasern »springen« nämlich beim Waschen in ihre ursprüngliche Form zurück.

Der Stoff steht bei der Herstellung ständig unter Spannung: Die Kettfäden werden im Webstuhl in Längsrichtung gespannt und der Schussfaden mit hoher Geschwindigkeit hin- und herbefördert. Der entstehende Stoff wird an den Seiten ebenfalls aufgespannt – in den Webkanten kann man oft noch die kleinen Löcher erkennen, an denen die Stoffbahn im Webstuhl befestigt war. Der Zug, der beim Weben auf den Stoff in Längs- und Querrichtung ausgeübt wird, dehnt die Fäden des Gewebes ein wenig aus. Diese Dehnung wirkt besonders stark bei Naturfasern, weil deren Fasermoleküle von Natur aus eine gekräuselte oder spiralige Struktur besitzen, die dabei mit Gewalt gerade gezogen wird. Chemiefasern verändern sich nicht so sehr, die Faser ist meistens von vorneherein gerade und gibt wenig nach, das macht die hohe Reißfestigkeit etwa von Polyestergeweben aus.

Wird der Stoff nach dem Weben bedruckt oder auf andere Weise veredelt, wird er wiederum unter Spannung durch Maschinen hindurchgeführt. Selbst beim maschinellen Aufwickeln des Stoffes auf Rollen oder Ballen vor dem Verkauf, kann sich der Stoff nicht entspannen, manchmal bekommt er sogar neuen Zug in die eine oder andere Richtung – das sind die Stoffe, deren Fadenlauf kein rechtwinkliges Gitter mehr bildet, sondern ein Parallelogramm. Beim Waschen oder auch nur beim Kontakt mit Wasser wird Stoff aus Naturfasern sehr wirkungsvoll entspannt: Die Fasern springen in ihre natürliche Form, eine leichte Korkenzieherspirale oder ein ziehharmonikaförmig gekräuseltes Haar zurück. Damit ziehen sich die Fäden zusammen, aus denen der Stoff gewebt ist, sie verkürzen sich und damit auch der Stoff. Man sollte Stoffen daher immer Gelegenheit geben, sich vor dem Vernähen in einer kurzen Wäsche zu entspannen. Nicht waschbare Stoffe wie zum Beispiel → Walk breitet man vor dem Zuschneiden flach aus und lässt sie am besten über Nacht liegen.

Eiweißfasern

Aus den Einweißbestandteilen von Sojabohne, Erdnuss oder Milch gewonnene Fasern. Mit diesen Fasern wird schon seit den 1930er Jahren vor allem in den USA, Deutschland und Italien experimentiert, sie setzten sich jedoch nicht durch, da in den 1950er Jahren Kunstfasern aus Erdöl einfacher und billiger herzustellen waren. In den letzten Jahren sind Fasern wie Qmilk aus verdorbener Milch wieder interessant geworden, da sie sie hautfreundlich, atmungsaktiv und kompostierbar sind und aus natürlichen Ausgangsmaterialien gewonnen werden.

Eiweißfasern werden vor allem zu Stoffen für Unterwäsche oder zu Handstrickgarn verarbeitet und als »veganes Kaschmir« oder »vegetarische/vegane Seide« vermarktet, denn sie sind sehr weich und hautfreundlich. Wie Schafwolle lassen sie sich sehr gut färben. Bei der Brennprobe ist der Eiweißgehalt deutlich spürbar, das angesengte Garn riecht ähnlich wie Wolle.

Elastan

Elastan ist eine sehr dehnbare Chemiefaser, eine Unterart des → Polyesters, die in Anteilen von 3 bis 30 % in vielen Stoffen verarbeitet wird, um sie elastisch und formstabil zu machen. Die transparenten Elastanfasern bestehen aus kettenförmigen Molekülen, die in einer speziellen Struktur angeordnet sind: In stabilen Partien liegen die Moleküle geordnet parallel nebeneinander und sind mit Molekülbrücken verbunden. Diese Partien wechseln sich mit weichen Segmenten ab, in denen die Moleküle unordentlich kreuz und quer angeordnet sind. Die unordentlichen, amorphen Stellen können sich unter Zug sehr stark ausdehnen, bis auf das Hundertfache der ursprünglichen Länge, sie schnurren aber sofort wieder zusammen, wenn der Zug nachlässt und nehmen wieder ihre alte Form an.

In gewebten und gestrickten Stoffen ist Elastan teils als separater Faden verarbeitet, zum Beispiel bei Gummibändern, Strumpfhosen, Badeanzug- und synthetischen Unterwäschestoffen und bei Stoffen für

sehr dehnbare Sportbekleidung. Bei Stoffen für Oberbekleidung mit einem geringen Elastananteil ist das Elastan meistens in die Schuss- oder Kettfäden integriert, oft wird ein Kern aus Elastan beim Spinnen des Garns mit einer anderen Faser umhüllt.
Textilkennzeichnung: EL; Bügeln: 120 °C (1 Punkt)

Beim Nähen verursacht ein hoher Elastananteil manchmal ausgelassene Stiche. Das passiert, wenn die Nadel der Maschine beim Durchstechen des Stoffes auf Elastanfäden trifft und von diesen gebremst wird, so dass sich die Verschlingung mit dem Unterfaden nicht bilden kann. Eine Stretchnadel, deren Spitze besonders auf diese Fasern abgestimmt ist, schafft Abhilfe.

Stoffe aus Baumwolle und Leinen mit Elastananteil können nicht so heiß gebügelt werden wie reine Naturfaser, da Elastan ebenso wie Polyester bei Temperaturen über 180 °C schmilzt.

Englischleder → Moleskin

Etamine
Dünner Stoff aus → Wolle, → Baumwolle, → Seide oder Chemiefasern in Leinwandbindung, sehr locker gewebt, so dass die Fäden ein siebartiges, offenes Gitter bilden, ähnlich wie → Mull, aber aus gröberen Fäden. Das französische Wort *etamine* bezeichnet ein Siebtuch, das in der Küche zum Abtropfen von Käsemasse oder zerkleinerten Früchten bei der Saftherstellung verwendet wird – also einen Stoff wie das deutsche → Käseleinen. Was bei uns unter dem Namen Etamine verkauft wird, ist aber in der Regel vornehmer als ein Küchentuch: Ein transparenter Stoff, der für dünne Schals und Tücher, lockere Blusen und Gardinen verwendet wird.

✂ Der Stoff verzieht sich sehr leicht, daher zum Zuschneiden ein Laken unterlegen.

Mit feiner oder mittlerer Standardnadel (70er, 80er) und feinen Stichen (2 mm).

Etaproof, Etadry

Wasser- und winddichter Outdoorstoff aus reiner Baumwolle, die sehr dicht gewebt und zusätzlich dauerhaft imprägniert wurde. Bei Feuchtigkeit quellen die Baumwollfasern des Stoffe etwas auf, so dass das Gewebe noch dichter und undurchlässiger wird. Während Etaproof absolut wind- und wasserdicht ist, ist Etadry etwas lockerer gewebt, hat dadurch einen weicheren Fall und ist lediglich wasser- und windabweisend. Beide Stoffe gibt es in unterschiedliche Flächengewichten, von 140 g/m² für leichte Kleidung bis zu 300 g/m² für Taschen und Rucksäcke.

Eine möglichst dünne Nadel verwenden, der Hersteller empfiehlt eine Nadel mit Kugelspitze und einen Polyester-Baumwoll-Umspinnzwirn (Baumwollgarn mit Polyesterkern). Der Baumwollanteil des Garns quillt bei Regen auf und dichtet damit die Nahtlöcher ab.

F

Fahnentuch

Fester, mitteldicker Baumwollstoff in Leinwandbindung in den typischen kräftigen Primärfarben, die in Flaggen vorkommen. Fahnentuch ist günstig und nicht sehr hochwertig. Da ungekämmte, kurzfaserige → Baumwolle verarbeitet wird, gibt es viele Faserenden, die an der Oberfläche des Stoffes herausstehen und den Stoff rau und kratzig machen. Fahnentuch knittert stark und ist besser für Faschingskostüme und Dekorationen als für echte Kleidung geeignet – auch wenn vermutlich Generationen von Hobbyschneiderinnen ihre Nähkarrieren mit Folkloreröcken aus Fahnentuch begannen, weil das Material überall verfügbar, günstig und leicht zu verarbeiten ist.

Fallschirmseide

Seide ist besonders fein, dehnbar und reißfest, reißfester als alle anderen natürlichen Fasern. Bevor Chemiefasern wie → Nylon und → Polyester zur Verfügung standen, wurden Fallschirme daher aus Seidenstoff angefertigt. Die Idee, den dünnen, fließenden, naturweißen Stoff ausgedienter Fallschirme als Material für Kleidung zu verwenden, tauchte wohl zum ersten Mal Ende des Zweiten Weltkriegs auf. Das Museum Rotterdam besitzt ein Brautkleid aus Fallschirmseide von 1945 und die Stiftung der *Women in Military Service for America* berichtet von einigen Frauen in der Armee, die sich kurz vor dem Kriegsende ihr Brautkleid aus einem ausgedienten Fallschirm anfertigen ließen. Und welche Schneiderin wäre in Zeiten des Mangels schon an den großen Mengen Stoff (ein Rundkappenfallschirm im Zweiten Weltkrieg hatte eine Oberfläche von etwa 56 Quadratmetern) vorbeigegangen?

Heute werden Fallschirme aus → Nylon hergestellt, und auch die schreiend bunten Trainingsanzüge aus Fallschirmseide oder Ballonseide aus den 1990er Jahren waren aus reiner Chemiefaser. Verarbeitungshinweise zu dem sehr ähnlichen Stoff für Lenkdrachen und Spinnakersegel siehe → Ribstop.

Faille

Faille, ein → Ripsgewebe aus → Seide mit ausgeprägten, feinen Querrippen, ist eher aus historischen Gründen, denn als Material für aktuelle Nähprojekte von Interesse. Das geschmeidige, aber formstabile Gewebe besteht aus sehr feinen, dichten Kettfäden und gröberen, lose gedrehten Schussfäden. Das französische Wort *faille* bedeutet Spalte, Verwerfung, der Name des Stoffes spielt also auf die Oberflächenstruktur an. Im 20. Jahrhundert war Seidenfaille ein Lieblingsstoff der Pariser Haute Couture, wenn es um skulpturale, scharf geschnittene Abendroben, Kostüme und Mäntel ging. Der New Look Christian Diors, seine ikonischen Kleider und Kostüme mit Wespentaille und weit ausschwingenden Röcken, wurden oft aus Faille geschneidert, ebenso wie die Abendkleider Christobál Balenciagas. Zwar wird Faille bisweilen in Designerkollektionen verwendet, als Meterware ist der Stoff – zumal aus Seide – in kleinen Mengen nur schwer zu erjagen. In Stoffkatalogen finden sich unter der Bezeichnung Faille lediglich vollkommen unglamouröse, aber pflegeleichte, gerippte Gardinenstoffe aus Polyester.

Filament

Eine Faser, die aus einem einzigen, endlos langen Faden besteht, wird als Filament bezeichnet. Chemiefasern sind Filamente, denn sie bestehen aus einer Spinnmasse, die bei der Produktion durch eine Düse gepresst wird und dann aushärtet und einen Faden bildet, der theoretisch unendlich lang sein kann – man spricht auch von Endlosfasern. Aber auch Seide ist ein Filament: Die Seidenraupe erzeugt einen bis zu 3500 Meter langen Faden, mit dem sie sich verpuppt.

Filz

Filz wird weder gewebt noch gestrickt, sondern entsteht aus Fasern, die zu einer Fläche ausgelegt und durch eine mechanische Bearbeitung wie Walken oder Nadeln zu einem zusammenhängenden, gleichmäßig dicken Stoff verbunden werden.

Bei Filz aus → Wolle und Tierhaaren verhaken sich die Schuppen an der Oberfläche der Haare miteinander, wenn die Fasern beim Walken aneinander reiben. Heißes Wasser und Seife bringen die Schuppen an der Haaroberfläche dazu, sich aufzurichten und erleichtern das Verfilzen. Es gibt aber auch Filz aus → Viskose und Chemiefasern, oft in Mischung mit Wolle. Die Materialstärke und die Eigenschaften von Filz können daher sehr unterschiedlich sein: Manche Filze sind waschbar und können für Taschen und sogar für Kleidung verwendet werden, während dünner Filz aus Chemiefasern meistens nur zum Basteln gedacht ist.

In den 50er Jahren waren knielange Tellerröcke aus Filz, oft mit verrückten Applikationsmotiven, als Après-Skibekleidung sehr beliebt. In diese bunten, auffälligen Röcke schlüpfte die junge Frau im Winter, wenn der Abend mit Gästen oder in Gesellschaft gemütlich und bequem werden sollte und Abendkleidung für Anlass und Umgebung zu formell gewesen wäre. Filz hält warm, knittert nicht und ist wasser- und fleckabweisend, ideal für feucht-fröhliche Abende in der Skihütte.

✂ Filz hat keinen Fadenlauf, Schnittteile können daher in beliebiger Richtung aufgelegt werden. Die beiden Seiten unterscheiden sich oft nur kaum merklich voneinander, deshalb sollte eine Seite als rechte Seite definiert und die linke Seite auf allen zugeschnittenen Teilen markiert werden.

Mit Standardnadeln mittlerer Stärke und größerer Stichlänge (3 mm) nähen, damit der Filz nicht zu sehr perforiert wird. Filz franst nicht aus, daher müssen Nahtzugaben nicht versäubert werden.

Bügeltemperatur: je nach Materialzusammensetzung, Wollfilz kann mit Dampf in Form gebügelt werden.

Flachs → Leinen

Fischgrat, Fischgrät, Chevron
Ein Spezialfall der Köperbindung (→ Bindung), bei dem der schräge Köpergrat regelmäßig die Richtung wechselt, so dass eine Musterung entsteht, die Deutschsprachige an Fischgräten erinnert, Französisch- und Englischsprachige an Dachsparren und Winkel. Markanter Fischgratköper wird aus grobfädiger → Wolle oder Wollmischung in zwei Farben – oft schwarz-weiß, schwarz-grau oder rot-weiß – gewebt, so dass das Grätenmuster deutlich hervortritt. Feinfädige Stoffe in Fischgratköperbindung aus → Leinen, → Baumwolle und Chemiefasern zeigen lediglich eine feine, unauffällige Grätenstruktur, solche Stoffe werden zum Beispiel für legere Oberhemden verwendet.

Flächengewicht

Das Gewicht eines Stoffes in Gramm pro Quadratmeter, bei manchen Stoffhändlern in Internet allerdings auch das Gewicht in Gramm pro laufendem Meter (auf 1,10 oder 1,40 m Stoffbreite). Diese Gewichtsangabe gibt einen groben Anhaltspunkt, ob es sich um einen sehr zarten Stoff wie → Chiffon (etwa 80 g/m²), eine mittlere Qualität wie leichtere → Popeline oder → Zefir in Oberhemdenqualität (100–150 g/m²) oder um einen robusten Stoff wie → Denim (200–350 g/m²) handelt. Anhand des Flächengewichts lassen sich in Material und Webart gleichartige Stoffe gut vergleichen. Allerdings können Stoffe mit demselben Flächengewicht hinsichtlich Fall und Volumen recht unterschiedlich sein: Ein aus dicken, flauschigen Wollfäden locker gewebter → Tweed kann dasselbe Flächengewicht haben wie ein dünner, fest gewebter → Kammgarnstoff und sich doch ganz anders verhalten.

Flanell

Flanell ist ein mitteldicker Stoff, der auf beiden Seiten angeraut und gebürstet wird und daher eine flauschige Oberfläche besitzt. Er wird von kanadischen Holzfällern wie von Londoner Bankern getragen: Flanell aus → Baumwolle, auch in Mischung mit → Polyester oder → Acryl, ist das typische Material für bunte großkarierte Hemden oder Pyjamas. Er kann in Leinwandbindung oder Köperbindung gewebt sein, es gibt ihn einfarbig, kariert oder mit kleinen Mustern bedruckt und in verschiedenen Stärken.

Flanell aus → Wolle hingegen ist meistens dunkelblau oder dunkelgrau, oft leicht meliert und seit den 30er Jahren Material für Herrenanzüge und Hosen, die ursprünglich zusammen mit Club- oder Tweedjacketts getragen wurden. Mittlerweile hat Wollflanell diese leicht sportliche Anmutung verloren und gilt als konservativ und seriös. Die Näheigenschaften richten sich nach dem Material: Baumwollflanell wird wie andere mittelfeste Baumwollstoffe verarbeitet, er lässt sich waschen und heiß bügeln.

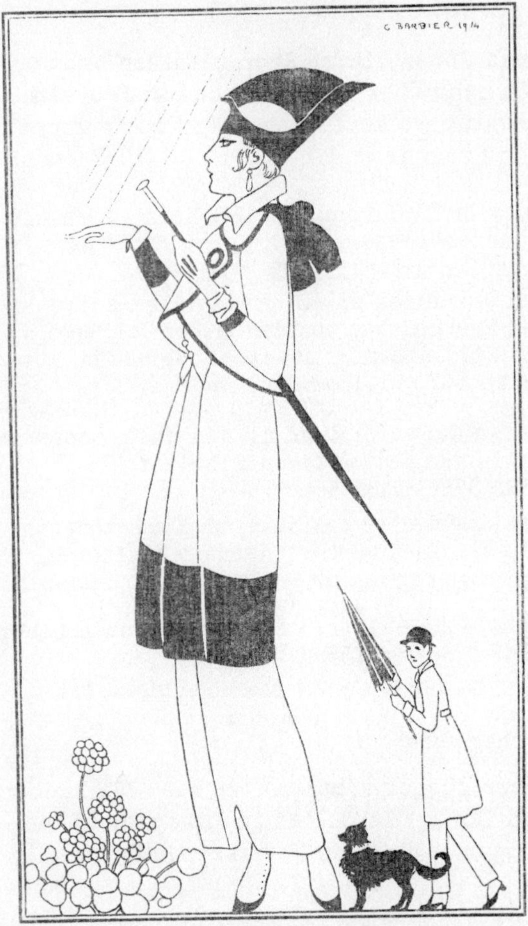
G BARBIER 1914

Der Bücherzettel

Wenn Ihnen dieses Buch gefallen hat und Sie mehr über Textilien und Mode lesen möchten, so empfehlen wir Ihnen aus unserem Programm:

Lucy Duff-Gordon: Lucile. Mein Leben als Modeschöpferin
ISBN 978-3-948255-01-5
Erinnerungen an ein glanzvolles, aufregendes Frauenleben von den 1890er Jahren bis in die wilden 20er – Titanic inbegriffen! Für alle Fans von „Downton Abbey".

Tanja Osswald: Rund um den Hals. Loops und Cowls aus Kettmaschen gehäkelt
ISBN 978-3-948255-42-8
Die älteste Art des Häkelns: Mit Kettmaschen weiche, elastische Rundschals häkeln – 12 Anleitungen von ganz einfach bis Zopfmuster.

Honoré de Balzac: Über das elegante Leben
ISBN 978-3-948255-10-7
„Wer in der Mode nur die Mode sieht, ist ein Dummkopf". Damit hat(te) der Spötter Balzac sicher recht.

Diese Bücher erhalten Sie wie alle Bücher von Texte + Textilien in Ihrer Buchhandlung oder im Shop auf unserer Webseite:

www.texte-und-textilien.de

✂ Wollflanell besitzt einen kaum sichtbaren Strich, daher müssen alle Schnittteile in der gleichen Richtung aufgelegt werden. Vorder- und Rückseite unterscheiden sich oft kaum voneinander, daher die linke Stoffseite bei zugeschnittenen Teilen markieren.

Wollflanell mit mittelstarker Standardnadel (80er) und mittlerer Stichlänge (2,5 mm) nähen.

Wollflanell mit Dampf und wenig Druck vorsichtig von links oder mit Bügeltuch bügeln.

Flausch

Flausch bezeichnet nicht nur die liebevolle Zuwendung in sozialen Netzwerken im Internet, Flausch ist auch ein dichter, fester Stoff aus → Streichgarn, der auf beiden Seiten so flauschig ist, also einen so langen und ausgeprägten Flor hat, dass die Gewebefäden nicht mehr erkennbar sind. Der Stoff wird nach dem Weben gewalkt und wird daher sehr dicht, anschließend angeraut und der Flor auf eine gleichmäßige Länge geschoren. Flausch ist ein typischer Stoff für warme Wintermäntel und -jacken, er ist fast winddicht und von Natur aus wasserabweisend.

✂ Flausch hat oft einen leichten Strich, daher sollten alle Schnittteile in einer Richtung aufgelegt werden. Vorder- und Rückseite unterscheiden sich wenig voneinander, daher die linke Stoffseite bei allen zugeschnittenen Teilen markieren.

Mit einer Standard-Maschinennadel in mittlerer Stärke (80er) und mittlerer Stichlänge (2,5 mm) nähen. Der Stoff franst nicht oder nur sehr wenig aus, daher ist das Versäubern oft nicht nötig.

Wollflausch kann vorsichtig von links mit Dampf gebügelt werden, am besten ein Bügeltuch verwenden und testen, ob der Flor durch das Bügeln zu sehr plattgedrückt wird.

Fleece, Polarfleece, Microfleece

Fleece aus Polyester-Mikrofaser war eine Textilinnovation der 1980er Jahre. Der gestrickte und daher dehnbare Stoff besitzt auf beiden Seiten eine sehr weiche, flauschige Oberfläche, so dass die Struktur des Grundstoffs nicht sichtbar ist. Sie besteht aus Garnschlingen, die aufgeschnitten und stark geraut werden, so dass die zahlreichen Fadenenden sehr voluminös und wollig werden und sich zu einem zusammenhängenden Flor verbinden. Die Haptik erinnert entfernt an ein Fell, daher erklärt sich auch der Name: *Fleece* bezeichnet im Englischen ursprünglich die Wolle von Schafen, wenn sie abgeschoren, aber noch nicht verarbeitet wurde und noch wie eine Matte zusammenhängt.

Mit **Microfleece** ist im Handel meistens eine feinere, dünnere Variante des Fleece gemeint, aber auch jeder andere Fleece besteht aus → Mikrofasern, sehr feinen Fasern, die feiner sind als 1 dtex, das heißt 10 000 Meter Faser wiegen weniger als 1 Gramm. Das sehr hohe Volumen des Fleece bei geringem Gewicht sorgt für seine gute Wärmewirkung: In den Räumen zwischen den mikroskopisch feinen Fasern hält sich viel Luft, die, einmal durch den Körper angewärmt, ein wärmendes Polster bildet. Als Bekleidung für Wintersportler und Abenteurer ist Fleece daher unverzichtbar geworden, auch wenn die Umweltbilanz des unverrottbaren Materials weniger gut ausfällt. Zwar wird Fleece heute oft aus wiederverwertetem Plastik hergestellt, zum Beispiel aus Plastikflaschen, er wird aber auch für die Belastung der Meereslebewesen mit Mikroplastik verantwortlich gemacht. In der Wäsche lösen sich jedes Mal einige der mikrofeinen Fasern und werden über das Abwasser durch die Kläranlagen in die Flüsse und schließlich in die Meere gespült, gelangen ins Plankton und damit in die Nahrungskette.

Leider ist es nicht möglich, vorab abzuschätzen, ob ein Fleecestoff zu → Pilling neigen wird. Eine Behandlung der Fasern, die Pilling verhindert, ist zwar möglich, erhöht jedoch die Produktionskosten, daher wird oft darauf verzichtet.

Fleece eignet sich am besten für einfache Schnittformen ohne Abnäher.

✂ Viele Schneiderinnen schwören darauf, den Stoff mit einer einfachen Haushaltsschere oder nicht mehr ganz neuen Rollschneiderklingen zuzuschneiden, da die Polyesterfasern Klingen schnell stumpf machen. Vorder- und Rückseite des Stoffes unterscheiden sich oft nur geringfügig, daher die linke Seite der Teile gleich beim Zuschnitt markieren.

Wenn die Elastizität des Materials ausgenutzt werden soll, einen Stretchstich oder schmalen Zickzackstich wählen oder mit der Overlock nähen. Die Nadeln – Standardnadeln oder Jerseynadeln mittlerer Stärke – müssen häufig gewechselt werden, da sie schnell abstumpfen. Fleece muss nicht versäubert werden.

Fleece kann nicht gebügelt werden.

Flockdruck, Flockprint
Ob glänzender ⟶ Taft mit samtigen, barocken Mustern oder Sporttrikots mit Namen und Nummern: In beiden Fällen handelt es sich um einen Flockdruck. Grundlage ist eine transparente Klebemasse, die in Mustern auf den einfarbigen Stoff gedruckt wird. Lose Acetatfasern oder Glitzerpartikel, die elektrostatisch aufgeladen sind, werden anschließend mit Walzen aufgetragen und bleiben in der Klebeschicht hängen. Die beflockten Muster treten plastisch hervor und haben eine samtige Oberfläche. Oft wird Meterware mit Flockdruck für Abendkleidung verwendet und spielt mit dem Gegensatz von glatt und samtig. Die Verarbeitung richtet sich nach dem Material des Grundstoffes.

French Terry, Sommersweat
Dünner und leichter als ⟶ Sweat. Die Stoffrückseite ist nicht flauschig angeraut, sondern besteht aus kleinen, frottierähnlichen Garnschlau-

fen. French Terry besteht meistens aus Baumwolle mit Elastan- oder auch Polyesteranteil, verarbeitet wird er wie andere Sweatstoffe.

Frotté, Frottee, Frottier, Walkfrottier, Frottiervelours
Auch wenn Frottee und Frottier hier gemeinsam aufgeführt werden und sich auf den ersten Blick zum Verwechseln ähnlich sehen: Die beiden Baumwollgewebe haben nur die flauschige Oberfläche gemeinsam, die durch lauter kleine Garnschlingen gebildet wird.

Bei Frottee wird als Garn für den Schuss ein Schlingenzwirn verwendet, also ein speziell gesponnenes Garn, das aus lauter kleinen Schlaufen besteht. Bei Frottier hingegen gibt es zusätzlich zu dem straff gespannten Kettfaden für das Grundgewebe einen zweiten Kettfaden, der erst beim Weben in kleine Schlaufen gelegt wird.

Bei beiden Stoffen vergrößern die Garnschlingen die Oberfläche des Materials, so dass es sehr viel Feuchtigkeit aufnehmen kann. Während Frottier fast nur zu Handtüchern und Bademänteln verarbeitet wird, wurde dünner, bedruckter Frottee in den 1960er und 1970er Jahren auch für Sommerkleider und Sommerjacken verwendet. Kurzfloriger Frottee hat eine körnige Oberfläche und ähnelt → Bouclé, der ebenfalls aus Schlingenzwirn gewebt wird. Frottier ist voluminöser, mit Schlingen auf einer oder beiden Seiten, als Walkfrottier mit Garnschlingen aus besonders weichen, locker gedrehten Garnen, als Veloursfrottier mit aufgeschnittenen Garnschlingen, die an → Nicki erinnern. Den Namen entlehnen beide Stoffe vom französischen Verb *frotter*, reiben oder abreiben.

✂ Durch die abgeschnittenen Schlaufen am Rand flusen Frottee und Frottier sehr stark und sollten schnell versäubert werden. Schnittmarkierungen mit Kreide oder Stiften sind fast nicht möglich, umso besser, dass meistens nur einfache Schnittformen aus Frotte oder Frottier genäht werden.

Mit einer Standardnadel mittlerer Stärke (80er) und mittlerer bis großer Stichlänge (2,5–3 mm) nähen. Zum Stecken lange Glaskopfstecknadeln oder andere Stecknadeln mit auffälligen Köpfen verwenden.

Futterstoffe

Dünne, sehr glatte und meistens synthetische Stoffe zum Abfüttern von Oberbekleidung wie Jacken, Mäntel, Kleider, Röcke. Angeboten werden → Taft, → Pongé, → Duchesse oder → Satin aus → Viskose, → Acetat, → Polyamid, → Polyester oder aus Mischungen. Bekannte Marken-Futterstoffe auf dem deutschen Markt sind Venezia, ein Futtertaft aus 75 % Acetat und 25 % Polyamid und Neva'viscon, ein Futtertaft aus 72 % Viskose und 28 % Polyester.

Kleider und Sommerröcke können auch mit dünnen Baumwoll- oder Viskosestoffen gefüttert werden (→ Batist, → Voile), teure Jacketts oder Chaneljacken haben oft ein Seidenfutter. Ein Futter sorgt für einen guten Fall des Oberstoffs, da sich der glatte Futterstoff auf der darunter getragenen Kleidung bewegen kann und eine Gleitschicht zwischen den beiden Kleidungsstücken bildet, wichtig vor allem beim An- und Ausziehen. Steppfutter wärmt außerdem, es besteht aus einer dünnen Wattierung, meistens Polyestervlies, das auf einer Seite mit Futterstoff belegt und in gleichmäßigen Abständen durchgesteppt ist. Elastikfutter ist dank eines Elastananteils im verwebten Garn leicht querelastisch, während man unter Wirkfutter einen sehr glatten dünnen → Jersey aus Polyester oder Polyamid versteht, der in Querrichtung sehr und in Längsrichtung ein wenig elastisch ist.

✂ Futterstoff ist rutschig und verzieht sich leicht, daher beim Zuschneiden ein Laken oder eine Decke unterlegen. Futterstoffe laufen im allgemeinen nicht ein und müssen nicht vorgewaschen werden.

Eine feine Standardnadel (70er) verwenden und mit feinen Stichen (2 mm) nähen. Falls die Maschine den Stoff einzieht, einen

Geradstichfuß und die Geradstichplatte verwenden. Wenn Stiche ausgelassen werden, eine Microtex-Nadel und feineres Garn ausprobieren.

Bei geringer Hitze (1 Punkt/110 °C) trocken bügeln.

G

Gabardine

Gabardine ist ein fester, sehr dicht gewebter Stoff aus feinem Garn in Köperbindung mit sehr ausgeprägten, steil verlaufenden Rippen auf der Oberfläche, der im frühen 20. Jahrhundert vor allem aus → Wolle, heutzutage eher aus → Baumwolle und Baumwollmischungen besteht. Die Oberfläche wird durch Pressen mit heißen Walzen und das Abscheren hervorstehender Fasern geglättet, oft wird der Stoff zusätzlich imprägniert. Durch die Köperbindung hat er einen guten Fall und knittert so gut wie nicht. Gabardine ist somit das ideale Material für strapazierfähige Hosen, Jacken und Mäntel.

Über seine Entstehung und seinen Namen gibt es mehrere Anekdoten: Einige Lexika führen den Namen auf ein Pariser Modehaus namens Gabardin oder Gabardine zurück. Eine andere Quelle erzählt, der Stoff sei Ende des 19. Jahrhunderts, 1879 oder 1888, von Thomas Burberry, dem Gründer der gleichnamigen Trenchcoatfirma, entwickelt und patentiert worden. 1917 habe Burberry aus patriotischen Gründen die Herstellung von Gabardine frei gegeben. Sprachwissenschaftler hingegen leiten die Bezeichnung Gabardine von dem französischen Wort *tabard* oder *tabar* ab, dem Namen eines kurzen Mantelüberwurfs, der im 13. und 14. Jahrhundert getragen wurde.

✂ Alle Schnittteile in der gleichen Richtung auflegen, damit der Köpergrat immer in der gleichen Richtung verläuft. Die linke

Seite des Stoffes markieren, weil sie sich oft nur wenig von der Vorderseite unterscheidet.

Mit einer Standard-Maschinennadel mittlerer Stärke (80er) und mit mittlerer Stichlänge (2,5 mm).

Genuacord → Cord

Georgette

Georgette oder genauer: Crêpe Georgette ist ein Vollcrêpe, in Leinwandbindung gewebt, schwerer und dichter als Crêpe de Chine, mit weichem Fall und einer matten, sehr körnigen, krausen Oberfläche (→ Crêpe, Krepp). Kette und Schuss bestehen aus überdrehten Crêpegarnen, wobei immer zwei Fäden mit S-Drehung (rechtsherum gedreht) und zwei Fäden mit Z-Drehung (linksherum gedreht) nebeneinander liegen. Durch die stark gezwirnten Garne ist der Stoff recht strapazierfähig und so gut wie knitterfrei, obwohl er fein und leicht ist.

Crêpe Georgette wird aus → Wolle, → Viskose, → Polyester und → Seide hergestellt. Dickere Qualitäten eignen sich für schwingende Bahnen- oder Tellerröcke und weich fallende, weite Hosen. Dünnere Stoffe für lockere Blusen und Tops sind leicht transparent. Der Stoff wurde angeblich nach einer französischen Modedesignerin namens Georgette de la Plante benannt, die im 19. Jahrhundert einen Stofffabrikanten zur Produktion dieses Materials angeregt haben soll und außer als Namensgeberin keine weiteren Spuren hinterlassen hat.

✂ Den Crêpe zum Zuschneiden auf einem Laken oder einer anderen weichen Unterlage ausbreiten, falls der Stoff sehr rutschig ist und sich leicht verzieht.

Für feine Qualitäten eine sehr feine Maschinennadel (70er) oder eine Microtexnadel verwenden, mit kleiner Stichlänge (2 mm) nähen. Geradstichplatte und -fuß verhindern, dass der Stoff in den Transporteur gezogen wird.

Glencheck

Gewebtes Karomuster, ursprünglich aus Großbritannien – *glen* ist der Name enger, tief eingeschnittener Täler im schottischen Hochland, *check* bedeutet Karo. »Glencheck-Karo« wie dieses Muster auf Deutsch auch genannt wird, ist also eine Doppelung. Glencheck wird mit einem Grundkaro aus hellen und dunklen Fäden, oft in Grau- und Brauntönen gewebt, das von einem Überkaro in einer kontrastierenden Farbe begleitet wird. Das Grundkaro besteht meistens aus je zwei hellen, zwei dunklen, vier hellen und vier dunklen Fäden in Kette und Schuss, die einfarbig helle und einfarbig dunkle Quadrate sowie Quadrate mit → Pepita- oder → Hahnentrittmuster ergeben. Das Überkaro durchzieht das Grundmuster oft nur mit zwei Fäden, häufig in einer auffälligen Farbe. Den Stoff für seriöse und etwas konservative Anzüge oder Kostüme gibt es als → Kammgarn- und als dickeren → Streichgarnstoff, aber mittlerweile auch aus → Leinen, → Baumwolle und → Seide. Die Verarbeitung richtet sich nach der Stoffstärke und dem Grundmaterial.

Gore-tex → Klimamembran

H

Habotai, Habutai

Feine, glatte → Seide in Leinwandbindung ohne besondere Struktur, meistens aus China. Sie hat einen weichen, fließenden Fall und eignet sich für Wäsche, feine Blusen, aber auch als Futter.

✂ Der Stoff rutscht und verzieht sich sehr leicht, daher beim Zuschneiden ein Laken unterlegen und in einfacher Lage zuschneiden.

Eine feine, neue Standardnadel (60er oder 70er) oder eine Microtexnadel verwenden und möglichst mit Geradstichplatte und Geradstichfuß mit feinen Stichen (2 mm) nähen.

Trocken bügeln (2 Punkte/150 °C), da der Stoff leicht Wasserflecke bekommt.

Hahnentritt
Gewebtes Muster mit zwei stark kontrastierenden Farben, oft schwarzweiß. Helle und dunkle Fäden bilden ein Würfelkaromuster, wobei die verlängerten Ecken der Karos jeweils in die andere Farbe hineinragen. Oft aus → Wolle oder Wollmischungen, aber auch aus → Baumwolle und → Leinen, in verschiedenen Stoffstärken und unterschiedlichen Formaten, wobei in Stofflexika strittig ist, ob Hahnentritt immer in Köperbindung gewebt sein muss. Im Französischen kategorisiert man das Muster zusätzlich nach der Größe der Karos: *pied de coq* (Hahnentritt) hat größere Karos als *pied de poule* (»Hennentritt«). Ähnlich ist → Pepitakaro oder Bäckerkaro, ein schwarz-weißes kleines Würfelkaro.

Hanf
Fasern aus den Stängeln von *Cannabis sativa*, des Gewöhnlichen Hanfes, eine glatte, nicht glänzende, gelbbraune Faser ähnlich wie → Leinen. Früher wurde Hanf fast ausschließlich zu Seilen und Tauen verdreht, denn die Faser ist besonders feuchtigkeitsbeständig, reiß- und scheuerfest mit geringer Elastizität. Neuerdings wird Hanf wieder zu festen Stoffen, vor allem → Denim und → Canvas verarbeitet.

Hohlgewebe → Doppelgewebe

Honan
Seidenstoff in Leinwandbindung mit etwas Stand, benannt nach der chinesischen Provinz Honan, heute Henan, in der östlichen Mitte Chinas, südlich des Gelben Flusses. Honan-Seide besteht aus → Wildseide,

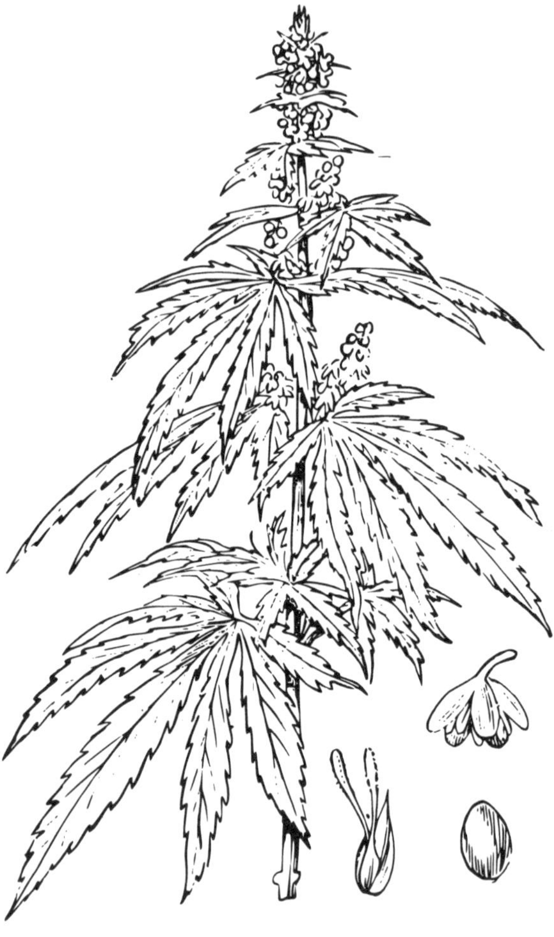

Faserhanf *Cannabis sativa*

den Kokons des Tussah-Spinners, eines wild lebenden Schmetterlings, der auf Eichen lebt und dessen Kokons eingesammelt werden. Die Seide ist nur teilweise entbastet, daher glänzt sie nur wenig, die Fäden sind ungleichmäßig und noppig, aber feiner als bei → Shantung. Die Verdickungen der Kett- und Schussfäden erzeugen eine Streifen- oder Karostruktur. Honan wird oft handgewebt und liegt nur 115 cm breit. Honan-Seide eignet sich für locker sitzende Kleider und Blusen.

Mit einer feinen, neuen Standardnadel (70er) und feinen Stichen (2 mm).

Nur ohne Dampf, da der Stoff Wasserflecken bekommen kann (2 Punkte/150 °C).

I

Ikat

Gewebter Stoff aus Baumwolle, Seide oder Viskose, oder Mischungen daraus, bei dem die Musterung durch das Abbinden und Färben der Kett- und/oder der Schussfäden vor dem Verweben entsteht. Traditionelle Ikattechniken gibt es in Indonesien – der Name Ikat leitet sich von dem malaiischen Wort *mengikat* ab, das »abbinden« bedeutet. Auch in Zentralasien (Kasachstan, Usbekistan, Afghanistan) gibt es Stoffe in Ikattechnik.

Ikat aus Indonesien ist eher kleingemustert mit kleinen, auf dunklem Hintergrund verstreuten grafischen Motiven, oft mit mehreren Bordüren. Die Kett- und die Schussfäden werden gebündelt, in Mustern abgebunden und in mehreren Farbgängen in Batiktechnik von hell nach dunkel gefärbt.

Ikat aus Zentralasien besteht meistens aus einer Baumwollkette mit Seidenschuss und wird in Bahnen von etwa 50 bis 60 cm Breite gewebt. Die großflächigen Muster aus mehreren, oft sehr bunten Farben bilden ineinanderfließende, moirierte großformatige Muster, ähnlich einer Holzmaserung.

Interlock → Jersey

J

Jacquard
Stoffe mit großformatigen, eingewebten Mustern, die einen speziellen Webstuhl erfordern, der nach seinem französischen Erfinder Joseph-Marie Jacquard benannt wurde. Jacquard tüftelte 1805 in Lyon eine Steuerungsmöglichkeit des Webstuhls durch miteinander verbundene Lochkarten aus. Die Lochkarten werden durch ein kompliziertes mechanisches System abgetastet und bestimmen, ob Kettfäden im Webstuhl angehoben oder gesenkt werden. Der Webstuhl konnte damit nur durch eine Person bedient werden, die den Schussfaden einlegte, während vorher zwei Personen am Webstuhl zusammenarbeiten mussten, um großformatige Muster zu weben. Die Erfindung des Jacquardwebstuhls beschleunigte die Herstellung komplex gemusterter Stoffe und sorgte für ein Absinken der Preise. Im 19. Jahrhundert wurden daher jacquardgemusterte Seidenstoffe erstmals auch für wohlhabende Bürger erschwinglich.

Heute gibt es Jacquardstoffe aus unterschiedlichen Materialien: Feiner Seidenjacquard ist selten geworden, er wird noch für Blusen verwendet. Meistens handelt es sich um Mischungen aus → Viskose, → Baumwolle oder → Wolle mit Chemiefasern. Jacquards gibt es als Blusen- und Kleiderstoffe, als festere Stoffe für enge Röcke, Kleider und Kostüme, oder als stabile Dekostoffe.

✂ Alle Schnittteile in der gleichen Richtung auflegen, falls der Jacquard je nach Blickrichtung unterschiedlich schimmert.

Je nach Stärke des Stoffes und Material mit einer feinen oder mit-

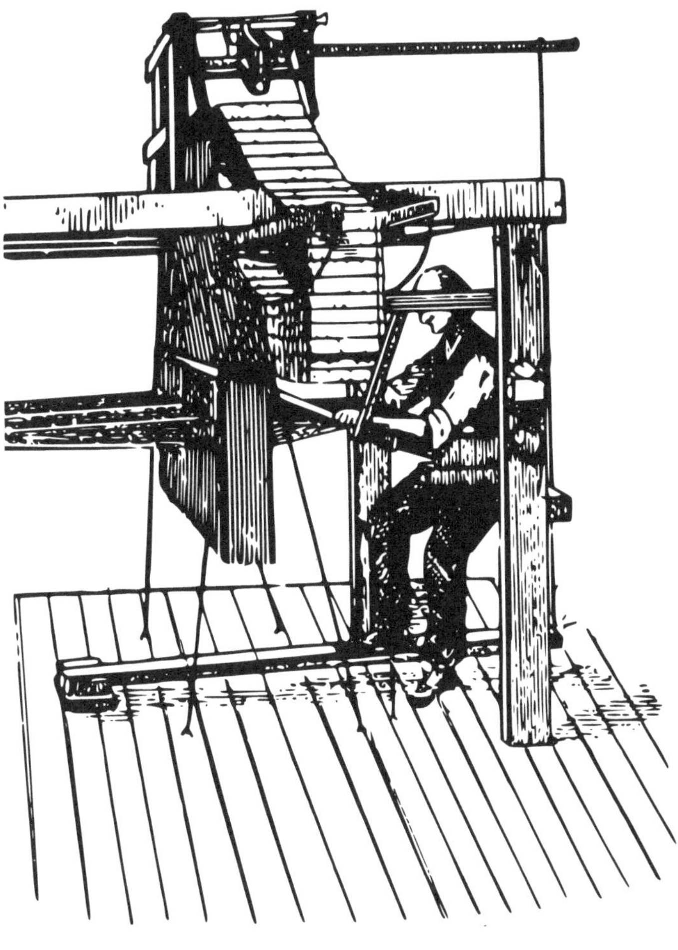

Jacquardwebstuhl mit Lochkarten von 1805

teldicken Standard-Maschinennadel (70er–90er) und mittlerer Stichlänge (2,5 mm).

Javanaise, Javanese

Feiner, weicher, meistens bedruckter Stoff in Leinwandbindung, meistens aus → Viskose, benannt nach der indonesischen Insel Java, da er an die mit Wachsbatik gemusterten Stoffe erinnert, die früher von dort importiert wurden. Die Kettfäden sind bei Javanaise sehr feine → Filamentgarne, der Schuss besteht aus etwas stärkeren Spinnfasergarnen, daher hat der Stoff eine kam merkliche Querrippenstruktur.

Viskose-Javanaise ist für Blusen und lockere Kleider geeignet, er fällt weich und fließend.

✂ Der Stoff ist rutschig und verzieht sich leicht, daher zum Zuschneiden ein Tuch unterlegen.

Eine neue, feine Maschinennadel (60er oder 70er) verwenden und mit feinen Stichen (2 mm) nähen.

Mit mittlerer Einstellung (2 Punkte/160 °C) trocken bügeln.

Jeans → Denim

Jersey

Ein Sammelbegriff für gestrickte oder gewirkte Stoffe, die sehr dehnbar und elastisch sind, der typische Stoff für T-Shirts, Unterwäsche und Sportbekleidung. Coco Chanel war in den 1920er Jahren die erste, die Jersey als Material für hochwertige Damenkleidung einsetzte – getreu ihrer Maxime »Luxus muss bequem sein, andernfalls ist er nicht Luxus.«

Jersey wird meistens als Schlauch spiralförmig in Runden gestrickt und anschließend der Länge nach zu einer Stoffbahn aufgeschnitten. Man erkennt den als Schlauch gestrickten Jersey an den Längskanten, die mit Klebstoff befestigt wurden. Der aufgeschnittene Schlauch hat

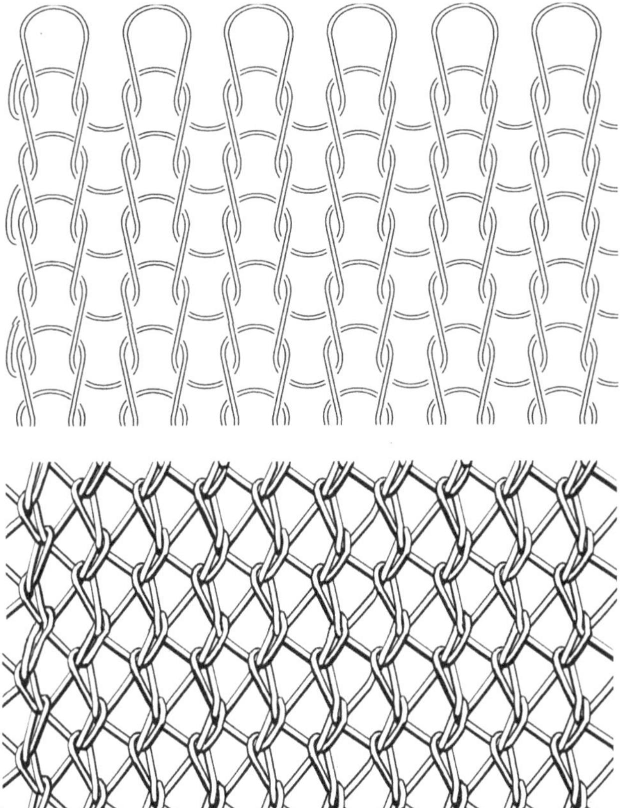

Maschenbild in gestricktem (oben) und gewirktem Stoff (unten)

einen diagonalen Drall, da die einzelnen Maschen nicht genau senkrecht in Reihen übereinander stehen. Der Drall kann sich nach der Wäsche verstärken – die Seitennähte von fertig gekauften T-Shirts verziehen sich dann, bei Meterware wird das mustergerechte Zuschneiden von Ringeln schwierig.

In Reihen hin- und her gestrickter Jersey ist selten, meistens handelt es sich um dickere Stoffe. Er hat an den Längskanten einen etwas festeren Abschlussrand, aus dem oft kurze, fransige Fäden herausgucken.

Singlejersey aus →Baumwolle ist das typische Material für T-Shirts: Die rechte Stoffseite ist glatt und besteht aus rechten Maschen, auf der linken Stoffseite sind linke Maschen zu sehen, an den Schnittkanten rollt sich der Stoff zur rechten Seite ein. Singlejersey eignet sich für T-Shirts, Unterwäsche, Kleider, Sportbekleidung, Leggings, wobei reine Baumwollqualitäten meistens weniger elastisch sind als Viskosejerseys oder Jerseys mit Elastanbeimischung und Chemiefaserjerseys.

Bei **Rippjersey** oder Doppelripp wechseln sich rechte und linke Maschen im Muster eins rechts – eins links oder zwei rechts – zwei links ab. Rippjersey sieht daher auf beiden Seiten gleich aus, ist noch querelastischer als Singlejersey und hat besonders gute Rücksprungeigenschaften, das heißt er zieht sich wieder auf seine ursprüngliche Weite zusammen, nachdem er gedehnt wurde. Rippjersey eignet sich besonders gut für Bündchen, Unterwäsche, Sportbekleidung, Leggings und andere Kleidungsstücke, die eng anliegen sollen.

Interlock ist weniger dehnbar als Singlejersey und Rippjerseys. Seine Maschen werden gleichzeitig mit zwei Fäden gestrickt. Durch die vielen Querverbindungen im Stoff ist Interlock besonders stabil.

Romanitjersey wird auch Punto di Roma, oder englisch *ponte knit* genannt. Er wird nicht wie beim Handstricken mit einem einzigen Faden in Hin- und Rückreihen gestrickt, sondern er wird gewirkt, das heißt es werden immer mehrere Maschen mit mehreren Fäden gleichzeitig gebildet. Die Fäden laufen zwischen den Maschenreihen zum Teil diagonal und verkreuzen sich, zum Teil erscheinen sie abwechselnd auf der Vorder- oder Rückseite des Stoffes. Wirkware ist daher viel dichter gestrickt als Strickstoffe mit rechten und linken Maschen und weniger dehnbar, bleibt aber besonders gut in Form. Romanit ist besonders stabil, meistens aus → Viskose oder → Wolle und → Polyester. Er hat zwei rechte Seiten, wobei die Maschen auf der Vorderseite senkrecht stehen und auf der Rückseite leicht schräg verlaufen. Die Unterschiede zwischen Interlock und Romanit sind schwer zu erkennen, oft versteht auch jeder Stoffhändler etwas anderes darunter. Glücklicherweise ist die Bezeichnung für das Vernähen nicht wichtig.

Jacquardjersey bezeichnet einen Jersey, der auf der rechten Seite ein eingestricktes oder eingewirktes Muster zeigt. Die Musterfäden der Farbe, die auf der Vorderseite gerade nicht zu sehen ist, tauchen meistens auf der Rückseite auf, wo sie mit der Grundfarbe zusammen verstrickt werden. Jacquardjersey ist weniger dehnbar als andere Jerseys und eignet sich für Röcke, Kleider, Pullover und Strickjacken.

Wolljersey aus reiner → Wolle oder aus einer Wollmischung mit → Acryl wird meistens aus dickerem Garn hergestellt als andere Jerseys, die Übergänge zu → Strickstoff sind fließend. Wolljersey eignet sich für Pullover und locker sitzende Kleider.

✂ Beim Auflegen der Schnittteile die Dehnbarkeit des Stoffes in Querrichtung beachten. Nur mit sehr feinen Stecknadeln auf den Nahtzugaben stecken, damit keine Löcher und Laufmaschen entstehen.

Mit Jerseynadeln (70er oder 80er) und einem Elastikstich oder schmalen Zickzackstich oder mit der Overlockmaschine nähen. Falls sich der Stoff beim Nähen wellt, den Nähfußdruck verringern und einen Obertransportfuß verwenden. Da feine Jerseys nicht ausfransen können, ist Versäubern nicht nötig. Nur Wolljerseys und Strickstoffe, die aufribbeln, sollten gleich nach dem

Zuschnitt versäubert werden. Schulternähte mit einem Band verstärken, damit sie nicht ausleiern.

Jute

Faser der einjährigen, strauchigen Pflanzen *Corchorus olitorius* und *Corchorus capsularis*, einer Malvenart. Sie wird vor allen in Indien, Pakistan und Bangladesh angebaut, die Blätter von *Corchorus olitorius* werden im arabischen Raum und in Nord-, West- und Ostafrika auch als Gemüse gegessen. Die dicht ausgesäten Pflanzen wachsen ohne Verzweigungen bis zu knapp 3 Meter Höhe heran. Die Jutefasern, die durchschnittlich 1,50 m lang sind, kommen als Faserbündel in der Rinde der Stängel vor. Sie müssen durch eine Röste, einen kontrollierten Verrottungsprozess ähnlich wie bei → Leinen, von Rinde und Kern der Stängel gelöst werden.

Jute wird vor allem zu groben Garnen versponnen und anschließend verwebt, aus den Jutegeweben fertigt man Säcke, Teppiche und Dämmmaterialien. Die mit dem Slogan »Jute statt Plastik« in den 1970er Jahren lancierten Jutebeutel bestanden ursprünglich tatsächlich aus grobem Jutegewebe – heute sind wiederverwendbare Stoffbeutel in der Regel aus ungebleichter Baumwolle.

Textilkennzeichnung: JU

K

Käseleinen

Gitterartig locker gewebter, luftiger Baumwollstoff mit unregelmäßiger Oberfläche, leicht und transparent, weiß oder naturweiß. Käseleinen wird in Leinwandbindung aus → Crêpegarnen gewebt, daher die unregelmäßige Oberfläche. Ein ähnlicher Stoff, der anders als der Name suggeriert, nicht aus Leinen ist, wurde früher bei der Käseherstellung zum Abtropfen der gestockten Milch verwendet. Heute eignet sich Käseleinen für luftige, leichte Sommerbekleidung und Gardinen und kann selbst gefärbt werden.

✂ Käseleinen ist meistens unbehandelt und läuft sehr stark ein, daher unbedingt vorwaschen und vor dem Zuschneiden bügeln.

Mit Standardnadeln mittlerer Stärke (80er) und mit mittlerer Stichlänge (2,5 mm) nähen.

Mit Baumwolltemperatur (3 Punkte/200 °C) und Dampf.

Kamel

»Einen Kamelhaarmantel beachtet man nicht«, schrieb Elke Heidenreich in ihrem Buch *Männer in Kamelhaarmänteln.* Kamelhaarmäntel stünden nur wenigen: »Man muss dazu einen etwas dunkleren Teint haben, mit Brillantine streng zurückgekämmte Haare, man muss leicht unsolide aussehen, so ein Hauch von Mafia ...« Nie zuknöpfen, den teuren Mantel lässig über die Stuhllehne hängen, kein Gewese mit Kleiderbügeln! Kamelhaar, ob als Mantel, Pullover oder Decke, ist der pure Luxus: Sehr weich, sehr wärmend, selten und so teuer wie Kaschmir. Die Kamelhaarmäntel, die es in den späten 1980er und frühen 1990er Jahren sogar bei Karstadt gab, waren also vermutlich mit Schafwolle gestreckt.

Für Wollstoffe, Strickwaren und Bettdeckenfüllungen verwendet man nur die sehr feine, gekräuselte und sehr gut wärme- und kälteisolierende Unterwolle der zweihöckrigen Kamele aus Asien (Mongolei, China). Die Wolle der einhöckrigen Dromedare ist erheblich grober. Kamele verlieren ihre Unterwolle beim Fellwechsel im Frühjahr, bis zu 7 Kilogramm pro Tier. Sie wird ausgekämmt und eingesammelt und ungefärbt in der natürlichen hell- bis rotbraunen Kamelfarbe verwendet.

Textilkennzeichnung: WK

Kaschmir
Weiche Unterwolle der Kaschmirziegen aus dem Himalaya, vor allem aus China, der Mongolei, Iran, Nepal und Indien. Die Kaschmirgewinnung durch Auskämmen oder Scheren ergibt pro Ziege nur 150 g Wolle im Jahr. Die großen Ziegenherden tragen in den Hochlagen zur Bodenerosion bei, denn ihre Hufe und ihr Weideverhalten zerstören die Grasnarbe.

Kaschmirwolle ist mit 15 bis 19 Mikrometern (1/1000 Millimeter) feiner als Merinowolle (durchschnittlich 19–22 Mikrometer) und fühlt sich dadurch sehr weich an. Bei Wollstoffen bildet Kaschmir meistens nur einen Anteil, während Strickwaren aus reinem Kaschmir bestehen. Allerdings ist aufgrund des hohen Kaschmirpreises (zwischen 100 und 150 € pro Kilogramm Wolle) viel gestreckte Ware auf den Markt, oft wird feine Merinowolle, Alpakawolle oder auch Viskose untergemischt. Solche Fälschungen lassen sich nur unter dem Mikroskop erkennen, denn die Haare der Kaschmirziege haben etwas weniger und flachere Schuppen als die Haare von Schaf oder Alpaka. Darüber hinaus dürfen Textilien, die auf dem Etikett als Kaschmir bezeichnet werden, bis zu 15 % andere Fasern enthalten.

Die Feinheit der Fasern macht Kaschmir sehr empfindlich. Stricksachen sollten nach dem Tragen einen Tag ruhen und auslüften, denn die Wolle neigt zum → Pilling, wenn sie Feuchtigkeit aufgenommen hat.
Textilkennzeichnung: WS

Kambrik → Chambray

Kammgarn → auch Wolle
Bei der Kammgarnherstellung werden nur die längsten, intakten Fasern der Wolle verwendet. Die Wollfasern werden mehrfach gekämmt, wobei kurze Fasern entfernt werden, parallel ausgerichtet und anschließend versponnen. Das Garn ist daher besonders glatt, fest und leicht glänzend, da es nur sehr wenige Faserenden gibt, die heraus-

stehen. Kammgarnstoffe werden aus reiner Wolle oder aus Wolle in Mischung mit Chemiefasern gewebt und sind sehr hochwertig. Die Webart – es gibt Kammgarnstoffe in Leinwand- und in Köperbindung – ist klar erkennbar, die Oberfläche des Stoffes ist glatt, er ist das typische Material für Herrenanzüge und Kostüme.

✂ Kammgarnstoffe haben manchmal je nach Blickrichtung einen unterschiedlichen Farbschimmer, wenn in Kette und Schuss Garne in unterschiedlichen Farben verwebt wurden, dann müssen alle Schnittteile in der gleichen Richtung aufgelegt werden. Rechte und linke Stoffseite unterscheiden sich nicht sehr stark, daher die linke Seite der Teile gleich nach dem Zuschneiden markieren.

Mit Universalnadeln mittlerer Stärke (80er) und mittlerer Stichlänge (2,5 mm).

Mit der Einstellung für Wolle (2 Punkte/160 °C) und Dampf von der linken Seite, Bügeleinstellungen vorher auf einem Rest testen und ggf. ein Bügeltuch verwenden.

Karo

Karomuster entstehen durch das Verweben unterschiedlich gefärbter Fäden. Je nach Webart und Aufbau des Karos haben einige Muster spezielle Namen, siehe → Glencheck, → Hahnentritt, → Madras, → Pepita, → Tartan und → Vichy-Karo.

Kattun

Kattun gehört zu der Gruppe von Baumwollgeweben in mittlerer Stärke, die nur schwer gegeneinander abzugrenzen sind: Kattun gilt als feiner als → Renforcé und → Cretonne, ist meistens mit Mustern bedruckt und hat eine stumpfe Oberfläche. Der Name Kattun leitet

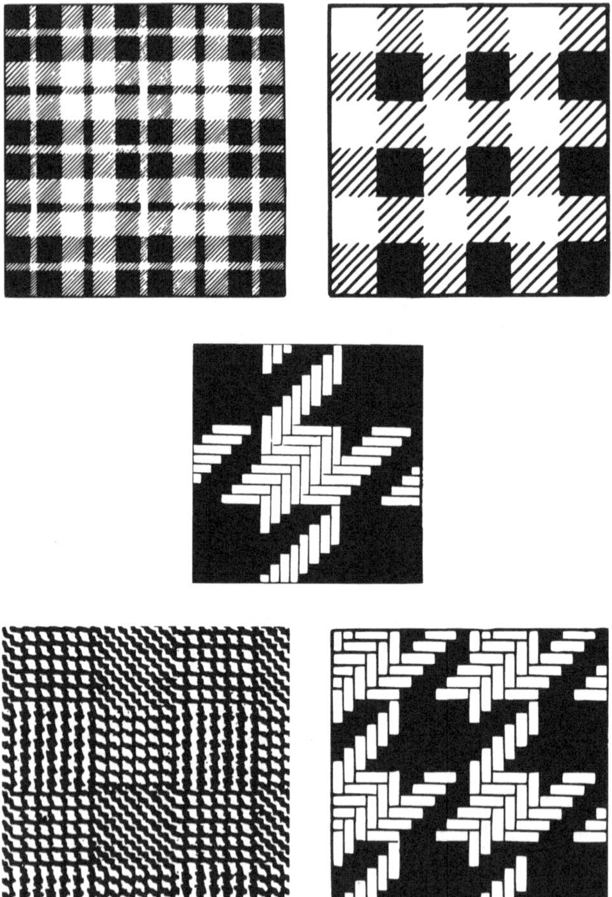

Verschiedene Karomuster: Tartan, Pepita, Hahnentritt, Glencheck, Hahnentritt

sich vom Englischen *cotton*, Baumwolle, ab, das seinerseits auf das arabische Wort *qutun* für Baumwolle zurückgeht.

Kattun eignet sich für Kleider, Blusen, Kinderkleidung und Bettwäsche, der Stoff hat etwas Stand, ist aber weich und angenehm zu tragen.

Mit Standardnadel mittlerer Stärke (80er) und mittlerer Stichlänge (2,5 mm).

Mit Baumwolle-Einstellung (3 Punkte/200 °C) und Dampf.

Kevlar → Aramid

Klimamembrane

Klimamembrane sind dünne Folien aus Kunststoffen wie Teflon oder → Polyester, mit Poren, die so fein sind, dass sie von außen auftreffende Wassertropfen nicht durchlassen, während Wasserdampf aus dem Inneren durch die Poren entweichen kann. Regenkleidung und Sportbekleidung werden durch Klimamembrane regen- und winddicht, während gleichzeitig die Feuchtigkeit aus dem Inneren nach außen abgeleitet wird. Die Klimamembran, meistens ein weißer, etwas knisternder, folienähnlicher Stoff, wird separat als Zwischenlage zwischen Außenstoff und Futter verarbeitet. Dabei darauf achten, welche Seite nach innen und welche nach außen gehört – der Feuchtigkeitstransport funktioniert nur in eine Richtung. Klimamembrane gibt es auch als Bestandteil von mehrschichtigen Oberstoffen oder Futterstoffen. Gore-tex ist der Markenname einer 1969 entwickelten Klimamembran, Sympatex ist eine Klimamembran aus Polyester.

✂ Nur auf den Nahtzugaben stecken, da jedes Loch die Membran beschädigt und sie dann nicht mehr wasserdicht ist.

Mit einer Standardnadel (80er) und mittlerer Stichlänge (2,5 mm) nähen. Eine Microtexnadel verwenden, falls das Stichbild unbefriedigend ausfällt. Auftrennen vermeiden, da sich die Nadellöcher in der Membran nicht mehr schließen. Nähte werden in der Regel durch einen speziellen flüssigen Nahtabdichter wasserdicht gemacht, der nach dem Nähen aufgetragen wird. In der Bekleidungsindustrie werden die Nähte verschweißt.

Klimamembrane und Stoffe, die mit einer Membranschicht verbunden sind, dürfen oft nicht gebügelt werden und auch beim Waschen gelten meistens bestimmte Vorschriften, so kann z. B. Weichspüler die Funktion der Klimamembran beeinträchtigen, weil sich die Weichspülerpartikel in den Poren festsetzen.

Köperbindung → Bindung

Kork

Lederalternative aus der Rinde der Korkeiche, die in Spanien und Portugal wächst. Die Rinde kann etwa alle zehn Jahre abgeschält werden. Die inneren Schichten der Rinde behalten ihre Flexibilität, sie sind reißfest und wasserabweisend. Korkstoffe vom Meter bestehen meistens aus kleineren Korkbrocken, die mit transparentem Acrylbinder zu großen Flächen zusammengesetzt und in Bahnen aufgeschnitten werden. Manchmal wird zusätzlich eine Gewebeschicht aufkaschiert. Das Material ist stabil und dabei sehr flexibel.

✂ Korkstoffe eher mit der Bastelschere oder dem Rollschneider für Papier und Pappe als mit der guten Stoffschere zuschneiden. Keine Stecknadeln verwenden, denn die Einstiche bleiben sichtbar.

Eine 90er-Nadel und eine größere Stichlänge (3–4 mm) verwenden, Ledernadeln sind nicht nötig.

Mit Einstellung für Wolle (zwei Punkte/150 °C), vorher vorsichtshalber an einem Rest testen.

Kreidestreifen
Ein dunkler Wollstoff mit hellen eingewebten Längsstreifen und aufgerauter Oberfläche, so dass die Konturen der Streifen verwischt werden und aussehen, als wären sie mit Schneiderkreide aufgetragen worden. Kreidestreifen gibt es als leichten Wollstoff für Anzüge und Kostüme, aber auch in Mantelqualität. Zur Verarbeitung siehe → Nadelstreifen.

Krepp
Ein angeheirateter Verwandter der großen Crêpe-Familie: Die körnige Oberfläche entsteht nicht durch die verwebten Garne wie beim Crêpe, sondern durch eine Nachbehandlung des gewebten Stoffes mit Chemikalien oder Hitze, man spricht daher auch von Ausrüstungskrepp.

Kräuselkrepp aus → Baumwolle wird nach dem Weben mit Natronlauge bedruckt und bekommt dadurch eine gekräuselte Oberfläche.

Bei **Prägekrepp** werden unregelmäßige Muster durch große, beheizte Walzen (Kalander) in die Oberfläche des Stoffes geprägt. Zur Verarbeitung siehe → Crêpe.

Krumpf → Einlaufen

Kunstseide → Viskose

Kunstleder → Lederimitat

Kunstpelz
Hochwertige Kunstpelze sind von echten oft kaum noch zu unterscheiden und manchmal sogar teurer als echtes Fell. In einen gewebten oder gewirkten Trägerstoff werden täuschend echt wirkende Haare aus Chemiefasern wie → Polyamid und → Polyester oder aus → Mohair eingearbeitet, die in Färbung und Strich bestimmte Tierfelle nachahmen. Da Kunstpelze viel Volumen haben, sind sie vor allem für einfach gehaltene Schnitte ohne Abnäher geeignet.

✂ Schnittteile auf der Stoffrückseite auflegen und mit einer kurzen Schere ausschneiden. Dabei möglichst nur den Trägerstoff schneiden, nicht die Haare am Rand. Den Musterverlauf des Kunstpelzes und den Strich beachten.

Mit Standard-Maschinennadeln (90er) und großen Stichen (3 mm) nähen. Die in der Nähten gefangenen Haare mit einer Nadel aus der Naht herausziehen.

Nicht bügeln, damit die Haare nicht plattgedrückt werden.

L

Lamé

Glitzernde Stoffe, ob nun gewirkt oder gewebt, werden als Lamé bezeichnet, ein Name, der möglicherweise auf das französische Wort *lame* – Klinge, flexibler Streifen, Lamelle – zurückgeht. Die metallisch glänzenden Effektgarne, die in solchen Stoffen verarbeitet werden, bestanden früher aus flach geklopften Metalldrähten (Lahn), heute sind es in der Regel geschnittene Kunststofffolien, die wie Metall wirken (→ Lurex). Die glänzenden Garne werden im Schuss verwendet, während der dünnere Kettfaden aus → Baumwolle oder feinen Chemiefaserfilamenten besteht. Oft werden Lurexstoffe in → Atlasbindung gewebt, so dass die metallischen Fäden bevorzugt an der Oberfläche des Stoffes erscheinen und besonders schön glänzen können.

✂ Laméstoffe fransen leicht aus, daher sollten die Schnittteile gleich nach dem Zuschneiden versäubert werden. Falls der Stoff Metall enthält, besser nicht mit der guten Stoffschere zuschneiden.

Mit einer Standardnadel mittlerer Stärke (80er) und mit mittlerer Stichlänge (2,5 mm). Nicht mit der Overlockmaschine nähen, falls der Stoff tatsächlich Metall enthält, da die Messer stumpf werden würden.

Laméstoffe, deren Metallglanz auf verwebter Kunststofffolie beruht, dürfen nur bei geringer Temperatur (1 Punkt/110 °C) gebügelt werden.

Lederimitat

Erste Experimente mit Lederimitaten gab es bereits Ende des 19. Jahrhunderts, es handelte sich meistens um beschichtete Pappen oder beschichtete Stoffe. Heute haben Kunstleder so eine Perfektion erreicht, dass sie manchmal schwer von echtem Leder zu unterscheiden sind. Glattlederimitate bestehen meistens aus einem gewirkten oder gewebten Trägerstoff aus → Polyester oder Baumwollmischungen, der mit einer lederartig geprägten Beschichtung aus Vinyl oder → Acryl überzogen ist. Knautschlack, in den 1960ern und 1970ern ein beliebtes Material für bunte Regenmäntel, Jacken, Stiefel und Taschen, besteht aus Baumwollgewebe mit einer lackartigen Beschichtung aus Polyurethan, die mit der Zeit brüchig wird und in großen Flocken an strapazierten Kanten abblättert.Raulederimitate sind oft gewirkte oder gewebte Stoffe oder Vliese aus Polyester, die an der Oberfläche kräftig aufgeraut werden (→ Alcantara).

In den letzten Jahren gibt es auch Lederimitate aus natürlichen Grundstoffen, zum Beispiel Piñatex aus Ananasfasern, Kunstleder aus Pilzmycel und Apfelleder *Apple Skin*, das aus Schalen und anderen Resten der Apfelverarbeitung besteht, die mit Polyurethan vermischt als dünne Schicht auf eine Rückseite aus Baumwollstoff aufgetragen werden.

Die Haltbarkeit von Kunstledern hat sich in den letzten vierzig Jahren gesteigert, kräftige Kunstleder sind sogar für Möbelbezüge und Schuhe geeignet. Lederimitate mittlerer Stärke können wie Leder zu Jacken, Mänteln, Hosen und Röcken verarbeitet werden, einige Lederimitate sind sogar elastisch.

✂ Dünne Kunstleder können wie Stoff mit der Schere geschnitten werden. Dicke Kunstleder am besten mit einem Cuttermesser auf einer Schneidematte schneiden. Raulederimitate haben oft einen Strich, dann müssen alle Schnittteile in der gleichen Richtung aufgelegt werden. Bei elastischen Kunstledern auf die Richtung der Dehnbarkeit achten. Da jedes Loch sichtbar bleibt, nur auf der Nahtzugabe stecken, Schnittteile beim Nähen mit Klammern (Foldback-Klammern aus dem Bürobedarf, Haarspangen, Büroklammern, Wonderclips) zusammenhalten. Lederimitate fransen nicht aus und müssen nicht versäubert werden.

Dünnes Kunstleder mit Mircrotexnadeln nähen, mittleres und dickes mit Standardnadeln (80er–110er), die Stärke an die Dicke des Materials anpassen. Ledernadeln sind nur für sehr dickes Kunstleder nötig. Mit größerer Stichlänge (3 mm) nähen und eventuell einen Teflonfuß, Rollenfuß oder Obertransportfuß verwenden, falls das Kunstleder schlecht transportiert wird.

Je nach Fabrikat dürfen Kunstleder gar nicht oder nur bei geringer Hitze (1 Punkt/110 °C) von links gebügelt werden. Auseinandergestrichene Nahtzugaben und Säume können wie bei der Lederverarbeitung mit elastisch auftrocknendem Alleskleber befestigt werden.

Leinen, Flachs

Fasern aus den Stängeln des Leins, einer blau blühenden, 30–90 cm hohen, einjährigen Pflanze, die besonders in Frankreich, Polen und im Baltikum angebaut wird. Die Fasern aus der Rindenschicht des Stängels werden in einer aufwendigen Prozedur gewonnen: Nach dem Herausziehen der gesamten Pflanze aus dem Boden wird sie einige Zeit liegen gelassen, so dass sie anfängt zu verrotten. Die Fasern lösen sich dabei aus dem Verband mit den äußeren und inneren Schichten

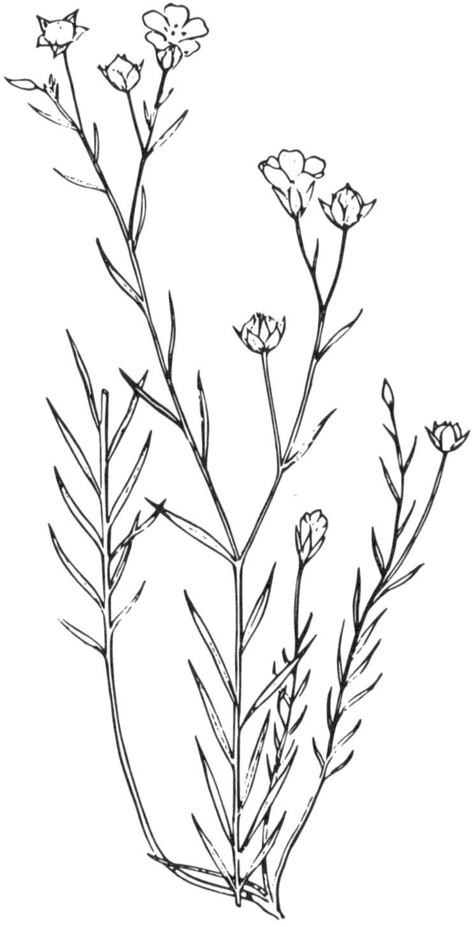

Gemeiner Lein oder Flachs *Linum usitatissimum*

des Stängels und werden durch gezahnte Walzen von den Holzbestandteilen getrennt. Die gehechelten, das heißt gekämmten und parallel ausgerichteten Fasern, bilden lange Faserbündel aus Einzelfasern von 2–4 cm Länge. Durch Bleichen und die Behandlung mit alkalischen Lösungen (Soda, Ätznatron) wird der Pflanzenleim aus den Fasern gelöst, die Fasern werden weicher, feiner und heller, fast wie Baumwolle.

Leinen ist sehr haltbar und reißfest, auch im nassen Zustand, und daher sehr unempfindlich beim Waschen, es knittert aber stark, wie alle Fasern aus Zellulose. Die Zellulosemolekülketten des Leinens sind besonders glatt, ohne Kräuselung oder Drehung, daher ist Leinen wenig schmutzanfällig, glatt, fest und glänzend.

Leinen kann zu sehr unterschiedlichen Stoffen verarbeitet werden: Vom hauchfeinen, transparenten Leinenbatist bis zu sehr grob gewebten Stoffen für Sommerjacken und -mäntel ist alles möglich, es gibt Leinenstoffe in Leinwandbindung, Köperbindung und als → Jersey gestrickt. Die Verarbeitung richtet sich nach der Stoffstärke und Stoffart. Typische Leinenstoffe sind → Batist, → Drell, → Denim, → Köper.
Textilkennzeichnung: LI, Fl;

200–245 °C (3–4 Punkte)

Leinwandbindung → Bindung

Liberty-Stoffe
Das 1875 von Arthur Lasenby Liberty gegründete Kaufhaus Liberty in London war schon bald für seine Bekleidungs- und Dekorationsstoffe bekannt, die in Zusammenarbeit mit Künstlern der *Arts and Crafts*-Bewegung und des Jugendstils entstanden. Charakteristisch ist *Liberty Lawn*, ein sehr feiner, bedruckter Baumwollbatist mit mehrfarbigen Mustern, Liberty-Designs gibt es aber auch als → Popeline, → Satin, → Cord und in verschiedenen Seidenqualitäten.

Lochstickerei → Ajour

Loden

Hätten Stoffe eine Nationalität, Loden wäre deutsch: Der Name Loden geht auf das althochdeutsche Wort *lodo* zurück, das »grobes Tuch« bedeutet. Einen altertümlichen Charakter hat Loden bis heute behalten. Er wird oft in der Trachtenmode der Alpenregionen zu Jankern, Mänteln und Umhängen vernäht, traditionell kommen nur wenige Farben in Frage: Dunkelgrün, Braun oder Grau, oft meliert. Loden ist ein sehr dichter, dicker, schwerer Wollstoff aus → Streichgarnen, der nach dem Weben gewalkt, angeraut und leicht geschoren wurde, so dass die Webstruktur nicht mehr erkennbar ist. Der Stoff wird dadurch sehr strapazierfähig und wasserabweisend, oft hat Loden zusätzlich einen feinen Haarflaum auf der Oberfläche, der in eine Richtung ausgerichtet ist und Wassertropfen ableitet.

✂ Loden hat bisweilen einen Strich, dann müssen alle Schnittteile in derselben Richtung aufgelegt werden. Der Strich sollte am Körper abwärts verlaufen, damit Wassertropfen abgeleitet werden. Durch das Walken franst Loden nicht aus und muss nicht versäubert werden.

Mit einer mittleren bis dicken Standardnadel (80er, 90er) und Stichen mittlerer Länge (2,5 mm) nähen.

In der Einstellung für Wolle (2 Punkte/160 °C) mit Dampf von links bügeln.

Lurex

Der metallische Glanz von Lurexstoffen hat nichts mit Metall zu tun, sondern mit dünnen, glänzenden Kunststofffolien, die mit Aluminiumstaub beschichtet sind und in sehr feine Streifen geschnitten und direkt verwebt oder mit anderen Fasern zu Garn versponnen werden. Die Lurexfolien aus Polypropylen, → Polyester, → Polyamid oder

→ Triacetat bestehen meistens aus zwei bis drei miteinander verklebten Schichten, farbiges Lurex zum Beispiel aus einer silbernen Folie, die mit einer durchsichtigen farbigen Folie verklebt ist.

Nur bei niedriger Temperatur (1 Punkt/110 °C) bügeln.

Lycra

Sehr feiner gestrickter → Jersey aus → Polyamid mit einem großen Anteil an → Elastan (mehr als 15 %) für Badebekleidung, Sportkleidung, Tanzkostüme, sehr elastisch mit großer Rücksprungkraft. Lycrastoffe sind außerdem beständig gegen UV-Licht, Salzwasser und Chlor.

Mit einer feinen Microtexnadel (70er oder 80er) oder Jerseynadel und elastischem Stich, dabei den Nähfußdruck verringern oder einen Obertransporteur benutzen.

Bügeln ist meist nicht nötig und nur bei geringer Temperatur (1 Punkt) möglich.

Lyocell

Ein neues Verfahren der → Viskoseherstellung der österreichischen Lenzing AG, bei dem Wasser und alle verwendeten Chemikalien in einem geschlossenen Kreislauf rückgewonnen und wiederverwertet werden. Im Vergleich zu herkömmlicher Viskose wird erheblich weniger Wasser und Energie verbraucht, außerdem ist kein hochgiftiger Schwefelkohlenstoff nötig. Die verwendete Zellulose stammt meistens aus Eukalyptus- und Buchenholzplantagen.

Tencel ist ein Markenname von Lyocell-Stoffen von Lenzing. Tencel ist weich, saugfähig und atmungsaktiv wie Baumwolle und dabei reißfester, knitterärmer und hochwertiger als die meisten Viskosestoffe. Weil die Faser zum Flusen neigt, wird die Oberfläche von gewebten Tencelstoffen oft leicht angeraut wie eine Pfirsichhaut oder wie bei sandgewaschener Seide aus den 1990er Jahren.

Textilkennzeichnung: CLY

✂ Dünne Lyocell- oder Tencelstoffe können rutschig sein und sich leicht verziehen – Stoff zum Zuschneiden auf einem Laken ausbreiten oder auf dem Teppich zuschneiden.

Eine feine Standardnadel verwenden (70er) oder eine Microtexnadel und mittlere Stichlänge (2 mm) einstellen.

150–170 °C (Einstellung Wolle/2 Punkte).

M

Madeirastickerei → Ajour

Madraskaro

Karierter Baumwoll- oder Seidenstoff in Leinwandbindung in sehr kräftigen Farben. Die Karos sind in der Regel sehr bunt, nicht symmetrisch und haben oft ein Überkaro in Kontrastfarbe. Madras war ursprünglich ein Seiden-Baumwolle-Mischgewebe aus der Hafenstadt Madras an der Ostküste Indiens, heute Chennai. Feinfädiger, leichter Madras aus → Baumwolle ist für Blusen, Hemden und leichte Kleider geeignet. Seide mit Madraskaros ist meistens kräftiger mit viel Stand und eignet sich eher für gefütterte Jacken, Etuikleider und Röcke.

✂ Die Karos von Madrasstoffen sind meistens unregelmäßig und asymmetrisch, die Karoplatzierung auf aneinander grenzenden Schnittteilen kann daher zu einer Herausforderung werden.

Mit feiner Standardnadel (70er, 80er) und feinen Stichen (2 mm).

Temperatur an das Material (Baumwolle oder Seide) angepasst, Baumwollstoffe auch mit Dampf, Seide nur trocken bügeln.

Manchester → Cord

Marengo

Marengo ist nicht nur der Name mehrerer kleiner Ortschaften in Italien, einer davon der Schauplatz der Schlacht von Marengo, in der Napoleon die Österreicher schlug, es ist auch der Name sehr praktischer dunkler Wollstoffe, die einen geringen Prozentsatz weißer Fasern enthalten. Fusseln werden auf dem Stoff dadurch unsichtbar, sie sind ja quasi schon mit eingewebt. Die Stoffqualität kann ansonsten sehr unterschiedlich sein: Marengo gibt es aus → Streichgarn und aus → Kammgarn, in Leinwand- und in Köperbindung, in der richtigen Stoffstärke für Anzüge, aber auch für Mäntel.

Marocain → Crêpe marocain

Matelassé

Ein Stoff wie eine gesteppte Tagesdecke – so lässt sich Matelassé charakterisieren. Der Stoff mit plastisch hervortretenden Mustern ist ein → Doppelgewebe, besteht also eigentlich aus zwei miteinander verbundenen Stoffen. Damit die Muster dreidimensional hervortreten, ist der Stoff zwischen den zwei Lagen zum Teil aufgepolstert. Der Name ist vom Französischen *matelasser* abgeleitet, dem Absteppen und Auspolstern von Stoffen. Matelassé kommt meistens in hellen Farben vor und in Mischungen aus → Viskose oder → Baumwolle mit Chemiefasern, er ist geeignet für Mäntel, Abendkleidung, Möbel- und Kissenbezüge.

✂ Einlagig zuschneiden, wenn der Stoff sehr dick ist.

Mit Standardnadeln mittlerer Stärke (80er) und mittlerer Stichlänge (2,5 mm).

Melange

Eine Wiener Melange ist eine Kaffeespezialität, die zu gleichen Teilen aus Kaffee und geschäumter Milch besteht, die sich erst in der Tasse vermischen. Textile Melangen bestehen aus verschiedenen Fasern, die gemeinsam versponnen werden, meistens Fasern in zwei oder mehr verschiedenen Farben.

Merino → Wolle

Mercerisierung, Merzerisierung
Ein Veredelungsverfahren für Baumwolle, das 1844 von dem Engländer John Mercer entwickelt wurde. Die Baumwollfasern werden mit heißer Natronlauge (Natriumhydroxid in Wasser gelöst) getränkt und gestreckt. Die Fasern quellen dabei auf, die natürliche Windung der Baumwollfaser flacht sich ab und bleibt beim Trocknen in diesem Zustand. Die Fasern sind runder, wirken daher glatter und glänzender, sie knittern weniger, bekommen mehr Volumen und sind außerdem haltbarer und saugfähiger.

Microfleece → Fleece

Mikrofaser
Unter Mikrofasern versteht man Synthetikfasern, die feiner sind als 1 dtex, das heißt, eine 10 000 Meter lange Faser wiegt weniger als 1 Gramm und ist damit feiner als Seide, die feinste natürliche Faser. Mikrofasern aus → Polyamid und → Polyester sind darüber hinaus wesentlich robuster als Seide und können zu weich fallenden, nicht knitternden und dabei sehr reißfesten Stoffen verarbeitet werden. Sie lassen sich wasser- und winddicht verweben, wobei Feuchtigkeit von innen trotzdem entweichen kann. Sogar gegen → Pilling sollen Mikrofaserstoffe immun sein. Glatte Stoffe für Jacken, Mäntel und Sportbekleidung werden aus Mikrofaser gemacht, aber auch Stoffe, die wie Rauleder aussehen, veloursähnliche Polsterstoffe und leinenähnliche Vorhangstoffe. Markennamen sind Tactel, Trevira, Finesse und Belseta.

Mit feinen Standardnadeln (70er), falls Stiche ausgelassen werden, hilft eine Microtexnadel. Für Mikrofaserjersey eine Jerseynadel verwenden.

Nur bei geringer Hitze (1 Punkt/110 °C) bügeln.

Milchfaser → Eiweißfasern

Modal

Modal ist eine modifizierte, also abgewandelte → Viskose-Spinnfaser, die im nassen Zustand fester und formstabiler ist als normale Viskose, sie ist glatter und quillt nicht so stark auf. Die Modalfaser besteht aus besonders langen Zellulosemolekülen – daher die Festigkeit – und wird bei der Herstellung sehr langsam gestreckt, so dass die Faser eine festere »Haut« und einen homogenen Kern bildet, in dem die Zellulosemoleküle sehr ordentlich in Längsrichtung angeordnet sind. Modal ist Baumwolle sehr ähnlich, kann auch → merzerisiert werden und wird häufig als Zusatz zu Baumwolljersey oder Viskosejersey eingesetzt, besonders bei Stoffen für Unterwäsche und feine T-Shirts, die so besser die Form behalten.
Textilkennzeichnung: CMD, MD; Bügeln: 160–180 °C (2 Punkte)

Mohair

Das lange, weiche, schimmernde Haar der Mohairziege, die auch Angoraziege genannt wird, aber nichts mit dem Angorakaninchen zu tun hat, dessen Fell die Faser → Angora liefert. Mohairfasern sind 12–30 cm lang, nur schwach gekräuselt, glänzend, sehr fein und verfilzen kaum, denn sie sind fester als Schafwolle und haben auf der Oberfläche weniger und kleinere Schuppen, die sich nicht so leicht ineinander verhaken. Mohair wird oft mit → Wolle gemischt, wobei der Mohairanteil für einen langen, seidigen Flor sorgt, der fast wie ein Pelz wirkt. Solche Mohairstoffe sind meistens sehr dick und warm und für Winterjacken und Mäntel geeignet.
Textilkennzeichnung: WM

✂ Der Stoff hat einen sehr ausgeprägten Strich, daher alle Schnittteile in der gleichen Richtung auflegen. Schnittmarkierungen lassen sich am besten mit Heftgarn übertragen.

Mit Standardnadeln mittlerer Stärke (80er) und mittlerer Stichlänge (2,5 mm) nähen.

Nur sehr vorsichtig ohne Druck von links bügeln, eventuell auf einem Samtbügelbrett, und die Einstellungen vorher an einem Rest testen. Plattgedrückter Flor kann manchmal durch Bürsten wieder aufgerichtet werden, manchmal wird die lockere Struktur des Stoffes durch Bügeln unwiederbringlich zerstört.

Moiré

Moiré ist ein strukturierter Stoff, dessen Muster an Holzmaserungen erinnert oder an die Wellenkreise, die sich um einen ins Wasser geworfenen Stein bilden, aber auch unerwünschte schillernde Bildeffekte beim Fotografieren von Streifenmustern werden Moiré genannt. Ursprünglich wurde Moiré aus Seidenrips hergestellt, der einmal in Längsrichtung gefaltet und in einer Maschine zwischen zwei glatten Walzen hindurchgepresst wurde. Die Rippen des → Ripses wurden dabei zum Teil platt gedrückt, zum Teil nicht und bildeten ein schillerndes, welliges, unregelmäßiges Zufallsmuster, denn die plattgedrückten Rippen reflektieren das Licht anders als weniger stark gepresste Rippen. Heute wird der Grundstoff für Moiré oft aus → Viskose oder Chemiefasern hergestellt und mit erhitzen Walzen gepresst, in die das Moirémuster eingraviert ist – solcher Moiré hat einen Musterrapport. Geeignet ist Moiré je nach Stoffstärke und Material für pompöse Abendkleider oder auch als Futter für Jacken und Mäntel.

Moleskin, Englischleder

Nicht nur das legendäre Notizbuch, das Hemingway genutzt haben soll und das deswegen heute Millionen angehender Schriftsteller:innen in der Hoffnung auf Inspiration durch den Meister kaufen. Moleskin ist auch ein sehr fester, dichter, strapazierfähiger, schwarzer oder dunkelgrauer, leicht angerauhter Baumwollstoff in Atlasbindung für Hosen, Berufskleidung, als Taschenfutter oder eben als Einbandmaterial für Notizbücher. Die Farbe und die samt- bis wildlederähnliche Oberfläche erinnern an ein Maulwurfsfell (engl. *mole*).

Mit einer mittleren Standardnadel (80er) und mittlerer bis größerer Stichlänge nähen (2,5 mm).

Mit der Einstellung für Baumwolle (3 Punkte/200 °C) und eventuell einem Bügeltuch, der Stoff bekommt leicht Glanzstellen.

Molton

Ein sehr dicker, matter Stoff aus → Baumwolle, der als schall- und lichtschluckendes Material zum Verkleiden von Messebauten und Kulissen, als Fotohintergrund und Theatervorhang benutzt wird (Bühnenmolton). Dünnere Qualitäten dienen als geräuschdämpfende und tischschonende Unterlage unter Tischtüchern. Es handelt sich um einen auf beiden Seiten gerauten Stoff, bei dem die Webart durch die flauschige Oberfläche nicht sichtbar ist. Den schweren Bühnenmolton gibt es in Breiten bis 300 cm und in verschiedenen Farben, dünnerer Molton ist meistens weiß.

✂ Kräftigen Molton ggf. einlagig zuschneiden, wenn die Schere nicht durchkommt. Molton läuft sehr stark ein und sollte vor der Verarbeitung gewaschen werden, falls das fertige Stück später auch gewaschen werden soll.

Starke Moltonqualitäten mit einer kräftigen Standardnadel (90er) und größerer Stichlänge (3 mm) nähen.

Mull

»Romanzen in Mull« nennt man verkitschte Arztromane und Krankenhausserien, denn Mull, ein leichter, weicher, sehr locker gewebter

Stoff aus → Baumwolle in Leinwandbindung, bildete bis vor einigen Jahrzehnten das Material für Verbände, ehe er von Vliesstoffen abgelöst wurde. Stoffwindeln aus Mull mussten in den 1980er Jahren für Batikexperimente und als Material für Folkloreblusen herhalten. In dieser Tradition lässt sich der feine Mull, der ähnlich gitterartig wie → Etamine und → Käseleinen gewebt ist, für leichte Kleider, Blusen mit lockerer Passform und Schals verwenden.

✂ Mull unbedingt vorwaschen, denn er ist meistens unbehandelt und läuft stark ein. Eventuell auf einer rauen Oberfläche, z. B. einem untergelegten Tuch zuschneiden, wenn sich der Stoff zu sehr verzieht.

Mit feiner Standardnadel (70er) und feinen Stichen (2 mm). Falls die Maschine den Stoff einzieht, hilft eine Geradstichplatte und ein Geradstichfuß. Stark belastete Nähte z. B. Schulternähte verstärken.

Mit Baumwolleinstellung (3 Punkte/200 °C) mit Dampf bügeln.

Musselin, Mousseline

Weißer, sehr feinfädiger Baumwollmusselin war ein beliebter Stoff für die körpernahen, fließenden Empirekleider des frühen 19. Jahrhunderts. Der durchscheinende, leichte Stoff in Leinwandbindung ist nach seiner Herkunft, der nordirakischen Stadt Mossul benannt. Heute wird Musselin aus → Baumwolle oder weich gedrehten Wollkammgarnen hergestellt, er ist meistens gefärbt oder bedruckt und geeignet für fließende Kleider, Blusen, weite Röcke, Schals und Tücher. Meistens besteht dieser moderne Musselin aus zwei miteinander verbundenen Lagen Stoff und ähnelt damit eher einer → Double Gauze. Verwirrend ist die Bezeichnung des Stoffes im Englischen: Spricht man von *muslin* im Zusammenhang mit historischer Mode, ist der feine Baumwollmusselin gemeint. Im modernen Zusammenhang bezeichnet *muslin* aber festen → Nesselstoff, der in der Schneiderei als Material für Probemodelle verwendet wird.

✂ Baumwollmusselin unbedingt vorwaschen, er kann stark einlaufen. Sehr leichten Musselin, der sich leicht verzieht, auf einem ausgebreiteten Tuch zuschneiden.

Eine feine Maschinennadel (60er, 70er) und feine Stiche (2 mm) verwenden. Falls die Maschine den Stoff einzieht, hilft eine Geradstichplatte und ein Geradstichfuß. Stark belastete Nähte verstärken.

N

Nadelstreifen

Banker und Manager mögen seit einer Reihe von Bankenskandalen und Korruptionsaffären einigen Nimbus eingebüßt haben – ihre Anzugstoffe nicht. Feine Wollstoffe mit Nadelstreifen sind nach wie vor der Inbegriff der Seriosität. Die hellen oder kontrastierenden, sehr feinen Streifen – breit wie eine Nadel – auf dunklem Grund verlaufen in Längsrichtung, parallel zu den Webkanten. Meistens sind ein oder zwei andersfarbige Kettfäden aus Chemiefasern für die Streifen verantwortlich, während die übrige Kette und die Schussfäden aus → Kammgarn bestehen. Eine Kahlappretur, bei der nach dem Weben abstehende Härchen entfernt werden, sorgt für eine glatte Stoffoberfläche. Wollstoffe mit breiteren, verwischten Streifen nennt man → Kreidestreifen.

✂ Beim Zuschneiden auf den Verlauf der Streifen achten: Sie sollten an Teilungs- und Seitennähten und an Ärmeln und Armlöchern aufeinander treffen.

Mit feiner Standardnadel (70er) und feinen Stichen (2 mm).

Mit Wolltemperatur (2 Punkte/160 °C) von der linken Stoffseite oder mit Bügeltuch bügeln, auch mit Dampf.

Natté

Der Stoffname ist vom französischen *natter*, flechten, abgeleitet, und würfelartig strukturiert wie ein Korbgeflecht wirkt auch die Stoffoberfläche. Der Stoff ist locker, porös, denn die Kett- und Schussfäden sind recht weit voneinander entfernt. Meistens sind Nattés in → Panamabindung gewebt: Es verkreuzen sich immer zwei oder mehr Schuss- und Kettfäden gleichzeitig, die Fäden sind kräftig, die Webstruktur ist gut sichtbar.

Natté wird hauptsächlich aus → Baumwolle, → Viskose, → Leinen, oft mit Chemiefaseranteilen hergestellt und ist für figurbetonte Kleider, Kostüme, Blazer und leichte Mäntel geeignet.

✂ Der Stoff franst sehr leicht aus, zugeschnittene Teile daher möglichst bald versäubern.

Mit einer Standardnadel mittlerer Stärke (80er) und mit mittlerer Stichlänge (2,5 mm).

Neopren, Scuba

Neopren, ein Verbundmaterial aus Schaumstoff und Chemiefaserjersey, Material für schützende Anzüge im Wassersport, gelangte in den letzten Jahren erst auf den Laufsteg, in die Bekleidungsgeschäfte und anschließend in die Regale der Stoffhändler. Die 2012er Kollektionen von Versace und Blumarine scheinen die Verwendung von Neopren als Modestoff angestoßen zu haben, aber auch Miuccia Prada faszinierte in den letzten Jahren das Volumen und der plastische Fall des ungewöhnlichen Materials, der sich ohne zusätzliche Versteifungen erreichen lässt. Neopren für Bekleidungszwecke hat allerdings nicht mehr viel mit dem Funktionsstoff gemein: Es ist dünner, leichter, isoliert daher weniger stark und wird oft mit Mustern bedruckt oder geprägt. Neben Taschen werden Kleider, Röcke und Oberteile daraus genäht. Günstig sind einfache, eher körperferne Schnitte ohne Abnäher oder Teilungsnähte. Verstürzte Kanten sollten vermieden werden und auch Säume werden oft roh gelassen, weil der Stoff in zwei Lagen zu wulstig wird und sich nicht plattbügeln lässt.

✂ Einlagig zuschneiden, wenn zwei Lagen für die Schere zu dick sind. Neopren franst nicht aus und muss nicht versäubert werden.

Neopren ist meistens leicht elastisch und kann mit Standardnadeln (80er) und einem Stretchstich oder einem schmalen Zickzackstich genäht werden. Falls Stiche ausgelassen werden, eine Microtexnadel verwenden, falls der Stoff schlecht transportiert wird, einen Obertransportfuß einsetzen.

Die Bestandteile von Neopren vertragen keine hohen Temperaturen, zudem bleibt Bügeln oft wirkungslos.

Nessel

Kräftiger, ungebleichter und unbehandelter Baumwollstoff in Leinwandbindung, in der Schneiderei meistens zum Anfertigen von Proben verwendet und nicht zu verwechseln mit Stoff aus den Fasern der Brennnessel. Nessel lässt sich färben, bedrucken und bleichen und eignet sich gut für Einkaufsbeutel, Bastelarbeiten und einfache Vorhänge. Da er sehr stark knittert, schwer zu bügeln und durch abstehende Faserenden sehr rau ist, ist Nessel für Bekleidung weniger gut geeignet. Nessel gibt es in verschiedenen Stärken und auch leicht transparent als Schleiernessel – für Schnitterprobungen wird eine Qualität gewählt, die dem Originalstoff möglichst nahe kommt.

✂ Nessel läuft stark ein, daher unbedingt vorwaschen und den noch feuchten Stoff glattbügeln, falls die genähten Teile in Zukunft gewaschen werden sollen. Nessel für Probemodelle wird im allgemeinen nicht vorgewaschen.

- Mit einer Nadel mittlerer Stärke und mit mittlerer Stichlänge (2,5 mm).

- Gewaschener Nessel wird nur beim Bügeln mit viel Dampf und einem sehr heißen Eisen (3–4 Punkte, 200–245 °C) richtig glatt. Nähte in Probemodellen aus nicht vorgewaschenem Nessel nur trocken bügeln: Durch Wasserdampf könnte der Stoff partienweise einlaufen.

Nicki, Schneideplüsch

Wohl jeder, der in den 1970er Jahren in Westdeutschland groß geworden ist, trug als Kind Nickipullover, oft mit V-Ausschnitt und bunten Ringeln und erinnert sich gern an die samtig-weiche, flauschige Oberfläche zurück. Nickistoff ist quasi die gestrickte Version von → Samt, ein gestrickter und daher elastischer und anschmiegsamer Stoff mit einem kurzen, sehr weichen und glänzenden Flor auf der rechten Seite und einer glatt rechts gestrickten linken Stoffseite. Der Flor wird durch ein zusätzliches eingestricktes Fadensystem hergestellt, das kleine Schlingen bildet, die aufgeschnitten und auf die gleiche Länge geschoren werden, daher auch die Bezeichnungen Schneideplüsch oder Scherplüsch. Nicki wird meistens aus → Baumwolle mit Polyesteranteil hergestellt, ist in Querrichtung dehnbar und neigt ein wenig zur Formlosigkeit. Außer Nickipullovern lassen sich Kleider, Röcke, Kapuzenjacken und Jogginghosen daraus nähen.

- ✂ Nicki flust sehr stark, die Kanten rollen sich leicht zur linken Seite ein. Nur in den Nahtzugaben stecken, da Nicki für Laufmaschen empfindlich ist.

- Mit Stretchstich oder schmalem Zickzackstich und einer Jerseynadel mittlerer Stärke (80er) oder mit der Overlockmaschine.

Vorsichtig von links mit wenig Druck, am besten auf einer rauen Unterlage, z. B. einem Frotteehandtuch. Vorher an einem Rest testen, ob der Flor plattgedrückt wird.

Nylon, Perlon

Nylon ist der amerikanische Markenname für eine bestimmte → Polyamidfaser, die 1937 in den Handel kam und zuerst als Ersatz für Seide für feine Strümpfe verwendet wurde. Parallel wurde das Material auch in Deutschland entwickelt und kam 1938 unter dem Markennamen Perlon auf den Markt. Polyamide sind sehr reißfest, knitterfrei und feuchtigkeitsabweisend, aber nicht sehr lichtbeständig – wie die Besitzer von Nyltesthemden in den 1950er Jahren erfahren durften. Die als bügelfrei und pflegeleicht angepriesenen Hemden aus Nylon – »Wer Nyltest kauft, kauft nie verkehrt« – vergilbten mit der Zeit. Heute wird Nylon nur noch selten für sich allein zu Bekleidungsstoffen verarbeitet, meistens bildet Nylon einen Zusatz, der Viskose- oder Baumwollstoffe reißfester und haltbarer macht. Bei Outdoor- und Funktionsstoffen finden sich spezielle Nylonanwendungen, siehe → Cordura → Ripstop. Nylon ist außerdem recyclingfähig, siehe → Econyl.

Nylon ist sehr hitzeempfindlich und darf nur mit niedrigen Temperaturen (1 Punkt/110 °C) gebügelt werden.

O

Oilskin

Kräftiger, gewebter, steifer Baumwollstoff, ähnlich wie → Canvas, wasserabweisend imprägniert mit einer eingebügelten Mischung aus Wachs und Vaseline, Material der zwischen Hamburger Alster und schottischen Highlands gern getragenen landadeligen Barbourjacke. Die Oberfläche fühlt sich fettig-wachsig an und wird an Kanten und Knickstellen heller. Kleidung aus Oilskin sollte gefüttert werden, da sich die Wachsbeschichtung auf andere Stoffe übertragen kann. Bei sogenanntem *dry oilskin* wurde überschüssiges Wachs entfernt, er hat eine matte Oberfläche und fettet nicht nach. Oilskin sollte nicht gewaschen werden, zur Erneuerung der Imprägnierung gibt es flüssiges Wachs und Wachsblöcke zum Einbügeln.

Mit einer Jeansnadel und mittlerer bis größerer Stichlänge nähen (2,5 mm). Falls die Maschine Stiche auslässt eine Microtexnadel ausprobieren.

Oilskin nicht bügeln, da sich dann das Wachs verflüssigt und auf die Bügelunterlage und das Eisen überträgt. Aufbügelbare Einlagen können nicht verwendet werden, denn sie haften nicht.

Organdy → Batist

Organza
Sehr dünner, durchsichtiger, feiner Stoff in Leinwandbindung aus → Seide oder Chemiefasern. Das Seidengarn wird stark gezwirnt und nur zum Teil entbastet, also vom Seidenleim befreit, so kommt der sehr steife Griff des Stoffes zustande. Nach dem Waschen wird Seidenorganza weicher. Organza aus → Polyester wird so ausgerüstet, dass er dauerhaft steif bleibt. Er dient vor allem als Stoff für Dekorationen. Seidenorganza eignet sich für festliche Kleider, Blusen, dekorative Besätze und auch als Einlage für transparente Stoffe und zum Unterlegen und Stabilisieren von Wollstoffen (→ Einlage).

Der Name Organza soll von einer Stadt in Usbekistan abgeleitet worden sein, die in britischen geographischen Handbüchern des 19. Jahrhunderts Urghenz oder auch Organci genannt wird und die zwischen Samarkand und dem Aralsee gelegen sein soll.

✂ Organza ist zwar fein, aber leicht zuzuschneiden, da der Stoff sehr stabil ist. Er franst sehr leicht aus und sollte daher möglichst bald versäubert werden.

Mit einer sehr feinen, neuen Standardnadel (60er) und feinen Stichen (2 mm), Geradstichplatte und Geradstichfuß.

Oxford

Oxford gehört zu den Stoffen, die fast jeder schon einmal in der Hand hatte, ohne es zu wissen, denn der körnige Baumwollstoff ist einer der typischen Stoffe, aus denen Oberhemden gemacht werden. Die Webstruktur aus winzigen strukturierten Karos entsteht aus dem Verweben von weißen Kettfäden mit farbigen Schussfäden in → Panamabindung oder Halbpanamabindung – der Schuss wird immer mit zwei Kettfäden verkreuzt. Oxford ähnelt damit dem → Chambray, seine Struktur ist aber kräftiger und tritt deutlicher hervor. Neben Hemden eignet sich Oxford für Blusen, Hemdblusenkleider, leichte Röcke und Kinderkleidung, der Stoff ist weich, strapazierfähig und hat etwas Stand.

Mit einer Standardnadel mittlerer Stärke (80er) und feinen Stichen (2 mm) nähen.

Mit Baumwolltemperatur (3 Punkte/220 °C) bügeln, auch mit Dampf, bei Chemiefaseranteil eine niedrigere Temperatur wählen.

P

Paillettenstoffe

Stoffe mit aufgeklebten oder aufgenähten Pailetten, kleinen, glitzernden Kunststoffscheiben, fallen in zwei Kategorien: Paillettenstoffe mit einem Untergrundmaterial aus Webstoff und solche aus → Jersey. Paillettenstoffe auf Webstoffgrundlage sind nicht dehnbar, die Pailletten werden oft auf zarte Stoffe wie → Chiffon oder → Organza aufgenäht, so dass sich eine interessante Abwechslung von transparenten und blickdichten Partien ergibt. Bei den Paillettenstoffen auf Jerseygrundlage bildet der Untergrund oft ein transparentes, haut- oder cremefarbenes Netz, das vollkommen unter den Pailletten verschwindet, seltener ist der Jerseyuntergrund sichtbar. Bei sehr günstigem Paillettenjersey handelt es sich um einen Chemiefaserjersey mit → Lurex, auf den glitzernde Punkte aus Kunststoff aufgedruckt sind.

Einlagig von der linken Stoffseite aus zuschneiden, möglichst nur den Untergrund schneiden, nicht durch die Pailletten. Jersey mit aufgedruckten Pailletten nicht mit der besten Stoffschere schneiden, da der Kunststoff die Klingen stumpf machen kann.

Pailletten auf der Nahtzugabe abtrennen und die Fäden befestigen, damit sich nicht noch weitere Pailletten lösen. Die Schnittteile mit dem schmalen Reißverschlussfuß zusammennähen, der eng an den Pailletten entlanggeführt werden kann. Kahle Stellen entlang der Naht anschließend per Hand mit abgetrennten Pailletten füllen. Paillettenjersey nicht mit der Overlock nähen, da die Messer stumpf werden könnten.

Paillettenstoffe dürfen in den meisten Fällen nicht gebügelt werden.

Paisley
Das orientalische, komplexe Muster aus verschlungenen tropfenförmigen Ornamenten in satten Farben ist in größeren Abständen immer wieder in Mode. Zuletzt in den 1970er Jahren unterstrichen Paisleymuster die Exotik von »Indienkleidung«. Als Krawattenmuster tauchte Paisley bis in die 1990er Jahre auf. Das Paisleymuster, wie wir es kennen, stammt aus Kaschmir, ähnliche Ornamente, die stilisierte Granatäpfel, Feigen oder Palmwipfel darstellen sollen, existieren aber in vielen Textiltraditionen des nahen und mittleren Ostens. Große Schals aus Kaschmirwolle mit diesen orientalischen Mustern wurden Anfang

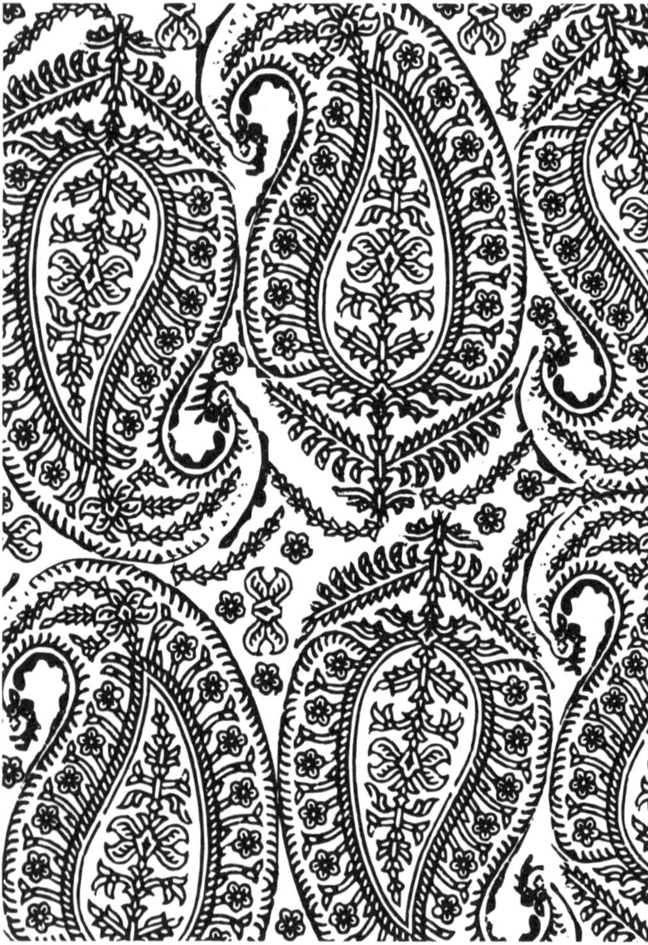

Paisleymuster

des 19. Jahrhunderts in Europa modern. Mitte des 19. Jahrhunderts war die Nachfrage so groß, dass sie durch Importe nicht mehr befriedigt werden konnte. In Paisley, einer schottischen Kleinstadt in der Nähe von Glasgow, wurden die kostbaren Kaschmirschals aus schottischer Wolle kopiert – ein Beleg, dass Produktpiraterie keine Erscheinung des Internetzeitalters ist.

Panama

Panama ist nicht nur ein Sehnsuchtsort für Tigerenten und Steuerhinterzieher, das kleine, mittelamerikanische Land gibt indirekt auch der Panamabindung, einer Ableitung der Leinwandbindung, den Namen. Stoffe in Panamabindung, meistens Baumwollstoffe wie → Oxford, kräftige Dekostoffe und Bekleidungsstoffe wie → Natté, haben eine schachbrettartige Struktur, denn es verkreuzen sich immer zwei Kettfäden und zwei Schussfäden miteinander. Diese Schachbrettstruktur erinnert an ein Geflecht, ähnlich wie bei einem Panamahut.

Panamabindung → Bindung

Pannesamt, Spiegelsamt

Pannesamt genießt seit seinem massenhaften Auftreten in den 1990er Jahren einen schlechten Ruf, denn zuerst denkt wohl jeder an den sehr dehnbaren → Jersey aus → Polyester mit aufdringlich glänzendem Flor, der sich sehr leicht statisch auflädt und heutzutage nur noch für Faschingskostüme und Schaufensterdekorationen passend erscheint. Ursprünglich war Pannesamt jedoch ein edler Stoff. Um 1900 verstand man unter Pannesamt einen Seidensamt, dessen Flor mit Hitze und Druck flach gepresst wurde, so dass sich die Härchen glatt anlegen und eine glänzende Fläche bilden. Später wurde Pannesamt auch aus → Viskose und → Acetat hergestellt, mit Glück lassen sich auch heute noch solche Pannesamtqualitäten finden, die angenehm zu tragen sind und edler schimmern als der Polyesterstoff. Der übliche Pannesamt aus Polyester besteht ähnlich wie Nicki aus einem glatt

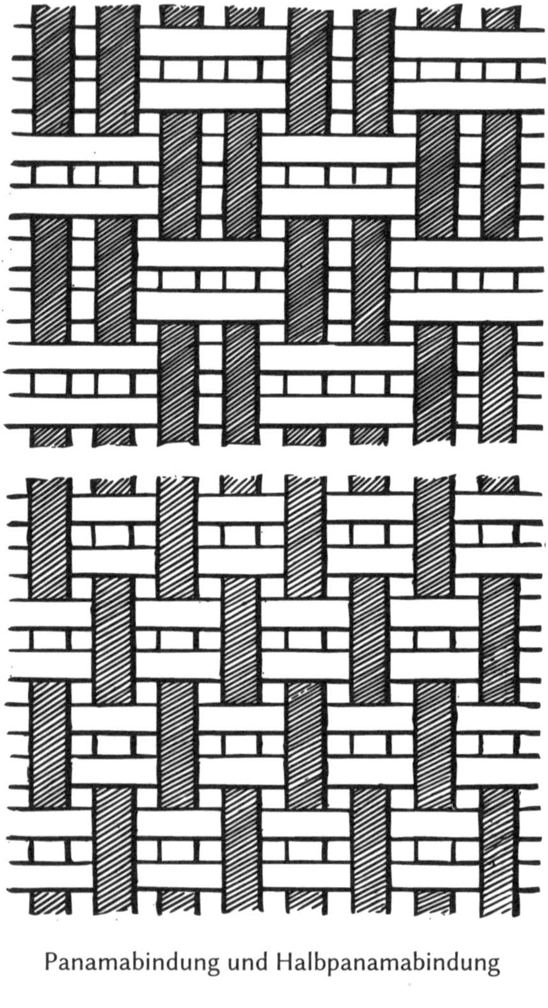

Panamabindung und Halbpanamabindung

rechts gestrickten Jersey, der auf der Rückseite sichtbar ist, mit einem zusätzlichen Fadensystem, das in kleinen Schlaufen eingestrickt wird, die aufgeschnitten werden und den Flor bilden.

✂ Pannesamt flust sehr stark beim Zuschneiden. Pannesamt aus Polyester rollt sich an den Schnittkanten sehr stark zur Rückseite ein. Falls der Samt eine Strichrichtung hat, müssen alle Schnittteile in der gleichen Richtung aufgelegt werden.

Pannesamt auf Jerseygrundlage mit einer Jerseynadel nähen, gewebten Pannesamt mit einer Standardnadel (80er). Durch den Flor verschieben sich die Schnittteile besonders bei gewebtem Pannesamt sehr leicht. Wenn ein Obertransportfuß keine Abhilfe schafft, sollten die Nähte von Hand in zwei parallelen Nähten vorgeheftet werden, die Maschinennaht wird anschließend zwischen die beiden Heftnähte gesetzt.

Auch wenn der Flor schon plattgedrückt ist: Ob der Stoff vorsichtig von links gebügelt werden kann, vorher an einem Rest testen. Pannesamt aus Polyester verträgt keine hohen Temperaturen.

Patchworkstoff → Quilting Cotton

Pepita

Ein kleines, quadratisches gewebtes Muster, oft schwarz-weiß, bei Stoffen aus → Baumwolle, → Wolle oder Mischungen in → Köperbindung. In der Kette und im Schuss wechseln sich immer eine gerade Anzahl von hellen und dunklen Fäden ab, zum Beispiel vier helle und vier dunkle Fäden. Durch die Verkreuzung beim Weben entstehen einfarbig helle, einfarbig dunkle und gemischt hell-dunkle Quadrate, bei denen der diagonale Grat der Köperbindung sichtbar ist. Anders als beim → Hahnentritt fehlen die kleinen Zacken an den Ecken, die in das benachbarte Quadrat hineingreifen. → Vichy-Karo wird nach dem selben Prinzip gewebt, allerdings in Leinwandbindung.

Pepitastoffe sind meistens feine Wollstoffe für Kleider, Röcke und Kostüme. Schmale Hosen in schwarz-weißem Pepitakaro, ähnlich wie Bäckerhosen, waren in den 1950er Jahren besonders beliebt.

Perlenstickerei

Stoffe mit aufgestickten Glasperlen und Kristallen wirken außerordentlich luxuriös und erhalten durch das Gewicht der Perlen eine angenehme Schwere und einen guten Fall. Sie kommen meistens aus Indien, wo sie in Handarbeit und oft unter prekären Arbeitsbedingungen bestickt werden. Das Nähen mit perlenbestickten Stoffen erfordert gute Planung. Die großformatigen Muster müssen geschickt platziert werden, Korrekturen der Nähte sind schwierig, es empfehlen sich Schnitte mit wenig Teilungsnähten und Abnähern.

✂ Einlagig von der linken Stoffseite aus zuschneiden und nur den Untergrundstoff schneiden. Perlen in den Nahtzugaben abtrennen und die Fäden befestigen, damit sich die Stickerei nicht weiter auflöst. Wenn die Perlen aus Glas bestehen, können sie auch bis zur Nahtlinie mit einem Hammer auf einem festen Untergrund zerschlagen werden, dabei entstehen allerdings scharfkantige Splitter, an denen man sich verletzen kann. Die Augen unbedingt mit einer Brille schützen und den Staubsauger bereithalten.

Mit feiner Nadel (70er) und mittlerer Stichlänge (2,5 mm) nähen, den schmalen Reißverschlussfuß verwenden, um dicht an den Perlen entlang zu nähen. Kahle Stellen an den Nähten mit einzelnen Perlen per Hand wieder auffüllen.

Vorsichtig von links auf weicher Unterlage, Temperatur passend zum Material des Untergrundstoffs einstellen. Stickereien mit Kunststoffperlen gar nicht oder nur mit sehr niedriger Temperatur bügeln.

Perlon → Nylon

Pfeffer und Salz, Salz und Pfeffer, Fil-à-fil

Die Meinungen gehen auseinander, ob dieses Webmuster für Wollstoffe aus → Kammgarn oder → Streichgarn als »Pfeffer und Salz« oder als »Salz und Pfeffer« bezeichnet werden muss – schließlich kommen schwarze Fäden (Pfeffer) und weiße Fäden (Salz) in genau gleichen Anteilen vor. Die ebenso gebräuchliche französische Bezeichnung *fil-à-fil*, Faden an Faden, erklärt hingegen genau, worum es geht: Ein heller und ein dunkler Kett- und Schussfaden wechseln sich ab und ergeben ein miniaturisiertes Karo, das als schmutzunempfindlich gilt.

Pfirsichhaut → Duvetine

Pikee, Piqué

Pikeestoffe sind gewebte oder gewirkte Stoffe mit einem kleinformatigen, plastischen Muster, am bekanntesten ist der gewirkte Baumwollpikee, der für Polohemden verwendet wird (→ Jersey). Gewebter Pikee ist meistens ein → Doppelgewebe aus zwei Lagen, die beim Weben in regelmäßigen Abständen miteinander verbunden werden. Diese Verbindung durch die »Steppkette« der Unterseite sorgt für die Reliefstruktur der Oberseite. Der Stoffname Pikee ist die eingedeutschte Form des Französischen *piquer*, steppen.

Bei Waffelpikee kommt das Waffelmuster durch zusätzliche, auf der Stoffoberseite liegende Schuss- und Kettfäden zustande.

Pikeestoffe sind meistens aus → Baumwolle. Da sie durch ihre Struktur nicht an der Haut kleben und wenig knittern, sind sie für Sommerkleidung oder Handtücher beliebt, es gibt sie einfarbig und bedruckt, mit kleinformatigen oder gröberen Strukturen.

Mit Standardnadeln mittlerer Stärke (80er) und mittlerer Stichlänge (2,5 mm) nähen.

Pilling

bezeichnet seit etwa dreißig Jahren ein unschönes Phänomen bei der Abnutzung von Textilien: Die Fasern bilden auf der Oberfläche kleine, fest sitzende verfilzte Knötchen, besonders an Stellen wie den Ärmelinnenseiten, die durch Reibung strapaziert werden. In der Regel sind zwei Typen von Stoffen besonders stark betroffen: Gestrickte und gewebte Wollstoffe einerseits, Chemiefaserstoffe wie → Fleece, Viskosejerseys mit Polyesteranteil und Funktionsstoffe andererseits.

Bei Wollstoffen neigen vor allem minderwertigere Stoffe zum Pilling, denn sie bestehen tendenziell aus kürzeren Wollfasern oder Reißwolle, so dass viele Faserenden aus dem Garn herausstehen und die Stoffe ständig kurze Faserstücke verlieren. Bei Reibung verfilzen sich diese Faserenden und die kurzen Faserstücke miteinander und bilden Knötchen. Ein Anteil an Chemiefasern wie → Polyester kann Pilling verstärken: Die sehr reißfesten Polyesterfasern verhindern, dass Knötchen und kurze Faserstücke einfach abfallen können. Pilling bei Wollstoffen und vor allem Pullovern ist kein neues Phänomen, denn schon in den 1950er Jahren gab es spezielle Kämme und Fusselrasierer, um die Knötchen loszuwerden, und die Oberflächenbehandlung des Ratinierens (→ Ratiné) erhob die flusige Oberfläche sogar zum Prinzip. Mit dem Trend zur Billigbekleidung und dem damit einhergehenden Qualitätsverfall bei Textilien tritt Pilling jedoch häufiger auf als früher.

Pilling bei Chemiefaserstoffen, bei → Jerseys und Fleece, läuft ähnlich ab wie bei Wolle. Lose Faserenden, die aus dem Stoff herausstehen, verfilzen sich zusammen mit Fasern und Staub der Umgebung und bilden Knötchen, die sich kaum entfernen lassen, weil die Fasern so fest sind. Hier ist die Garnstruktur verantwortlich: Es ist technisch sehr wohl möglich, Chemiefasern durch Verstrecken und Verdrehen der Garne, durch bestimmte Faserquerschnitte und -längen so herzustellen, dass sie nicht pillen. Leider lässt sich beim Kauf nicht sicher feststellen, ob das Material zum Pilling neigen wird oder nicht. Ein Textilhandbuch gibt den Tipp, den Stoff an einer Stelle etwa zwanzigmal kreisförmig zu reiben – wenn dann herausstehende Fasern zu sehen seien, werde der Stoff pillen.

Pilot → Deutschleder

Plissee

Das bekannteste Plisseekleid der Filmgeschichte dürfte das weiße Halterneckkleid mit plissiertem Rock sein, das Marilyn Monroe in einer Szene des Films »Das verflixte siebte Jahr« (1955) trägt, während die Luft aus einem U-Bahn-Schacht ihren Rock effektvoll hochwirbelt. Der Name Plissee wird abgeleitet vom Französischen *pli*, Falte. Früher mussten Plissees nach jeder Wäsche wieder neu von Hand eingebügelt werden. Dauerhafte Plissees wurden erst mit der Verbreitung der Chemiefasern möglich. Die Stoffe für solche Plissees müssen zu mindestens 50 % aus → Polyester bestehen. Sie werden von Hand in Pappformen eingelegt, gleichmäßig gefaltet und anschließend in speziellen Öfen erhitzt. Hitze und Dampf verformen dabei die Struktur der Polyesterfilamente, die nach dem Abkühlen in der neuen Form erstarren. Die Hobbyschneiderin konnte schon gesäumte Rockbahnen in eine Plissieranstalt ihrer Wahl bringen und sie nach kurzer Zeit mit perfekten, dauerhaften Falten wieder abholen. Zur Wahl standen unterschiedlichen Faltenformen: Messerfalten, das heißt in eine Richtung gelegte Falten in unterschiedlichen Breiten, sowie Kellerfalten, bei denen jeweils zwei Faltenbrüche aufeinandertreffen und der Falteninhalt im »Keller« darunter liegt. Bei Tollfalten, auch Quetschfalten genannt, liegt der Falteninhalt obenauf. Beim Sonnenplissee werden Tellerocksegmente plissiert – die Falten laufen wie Sonnenstrahlen von einem Mittelpunkt nach außen. Die Plissieranstalten sind bis auf wenige verschwunden, heute findet man ab und zu plissierte Stoffe als Meterware. Sie werden mit Hilfe von Plissiermaschinen hergestellt und sind daher meistens nicht gesäumt. Neben Röcken werden derzeit oft die Rückenteile von weiten Blusen aus plissiertem Stoff zugeschnitten.

✂ Den Stoff so ausrichten, dass die Falten geschlossen sind und ordentlich liegen, eventuell mit zwei Heftreihen quer zu den Falten fixieren. Senkrechte Nähte möglichst in den Faltentiefen platzieren.

Mit feiner oder mittlerer Standardnadel (70er, 80er) und mittlerer Stichlänge (2,5 mm).

Mit geringer Temperatur, abgestimmt auf den Kunstfaseranteil des Stoffes – die Falten können zwar nicht ausgebügelt werden, aber der Stoff kann schmelzen.

Plüsch

Ein gewirkter oder gewebter Stoff mit einem flauschigen Flor von mehr als 3 mm Länge aus verschiedenen Materialien. Hochwertiger Plüsch wird aus → Wolle und → Mohair hergestellt, günstige Stoffe bestehen aus Kunstfasern, meistens → Polyacryl und → Polyester. Beim Weben oder Wirken des Stoffes wird ein zusätzliches Fadensystem für den Flor über Drähte geführt, so dass sich kleine Schlaufen bilden, die anschließend aufgeschnitten werden. Die deutsche Bezeichnung Plüsch ist von dem französischen Wort *peluche* abgeleitet, das Fluse, Plüsch, Stofftier bedeutet. Neben Plüschtieren eignet sich Plüsch für Jacken und Mäntel mit einfachen Schnitten möglichst ohne Abnäher und Teilungsnähte und für dekorative Besätze an Kragen und Manschetten. Strapazierfähige, eher kurzflorige Stoffe sind auch zum Beziehen von Möbeln geeignet.

✂ Plüsch flust stark beim Zuschneiden, besonders hochflorigen Plüsch in einfacher Lage von der Rückseite aus zuschneiden und möglichst nur in das Gewebe schneiden.

Mit Standardnadeln mittlerer Stärke (80er) und mittlerer Stichlänge (2,5 mm). An den Nähten den Flor mit einer Nadel wieder aus der Naht ziehen.

Plüsch sollte nicht gebügelt werden, weil der Flor plattgedrückt wird.

Polarfleece → Fleece

Polyacryl → Acryl

Polyamid

Polyamid ist eine sogenannte Synthesefaser, die aus Kohlenwasserstoffen, gewonnen aus Erdöl oder Steinkohle besteht, die durch chemische Reaktionen zu neuen Großmolekülen zusammengesetzt werden. Die geschmolzenen Polymerschnitzel werden mit einer Spinndüse in eine Spinnkammer, einen Raum mit einem kühlenden Luftstrom gepresst, der erstarrende Faden wird aufgewickelt und dabei extrem gestreckt, so dass sich die kettenförmigen Moleküle in Faserrichtung ausrichten. Die Polyamidfaser wird dadurch sehr fest und haltbar und dient oft als Zusatz für Naturfaserstoffe, um die Scheuer- und Reißfestigkeit zu erhöhen. Viele Stoffe für Sportbekleidung, Badeanzüge und Wäsche, Regenkleidung und Futterstoffe bestehen ganz oder zum größten Teil aus Polyamid. Anders als die meisten anderen Synthesefasern ist Polyamid aber gegenüber UV-Licht empfindlich und vergilbt mit der Zeit. → Nylon ist eine Unterart des Polyamids mit einer bestimmten Länge der Moleküle, Enkalon und Tactel sind Markennamen für Polyamid. **Textilkennzeichnung:** PA; Bügeln: 120–140 °C (1 Punkt)

Polyester

»Seine Schwester / heißt Polyester. / Die lutscht nun schon bald neun Jahre / immer dasselbe gelbe Plastikpüree. / Das ist eben Spitzenware!« So besingt Evelyn Hamann die besondere Haltbarkeit des Polyesters in Loriots Spielfilm »Ödipussy«. Polyester ist sehr reißfest, auch bei Nässe sehr haltbar, wetterfest, knittert nicht und bewahrt sehr gut die Form.

Die Synthesefaser wurde 1941 entwickelt und wird auch unter den Markennamen Diolen, Trevira und Dacron verkauft. Sie besteht aus

Kohlenwasserstoffen, die aus Steinkohle oder Erdöl gewonnen werden und die durch chemische Verfahren zu Großmolekülen zusammengesetzt werden. Die geschmolzenen Polymerschnitzel werden durch eine Spinndüse in einen Raum mit einem kühlen Luftstrom geblasen, wo die Masse zu einem Faden erstarrt, der aufgewickelt und dabei extrem in die Länge gezogen wird. Die kettenförmigen Moleküle richten sich dabei in Faserrichtung aus und ergeben ein sehr reißfestes → Filament, einen feinen Endlosfaden. Als Zusatz zu Baumwollstoffen erhöht Polyester die Festigkeit und die Glätte des Stoffes, besonders die Eigenschaften minderwertigerer Baumwolle können durch einen Polyesterzusatz verbessert werden. Polyesterfasern können aber auch in vielen anderen Formen hergestellt werden, gekräuselt und texturiert, als → Mikrofaser oder als Hohlfaser mit Hohlräumen. Daher findet sich Polyester in Textilien aller Art: In Segeln und glatten Gardinenstoffen, in Sportbekleidung und wasserdichten Funktionsstoffen, die warmhalten und die Feuchtigkeit von Körper wegtransportieren sollen, ebenso wie als Blusen- oder Hosenstoff, der auf den ersten Blick wie Baumwolle oder Viskose wirkt. Typische Polyesterstoffe sind auch → Chiffon, → Crêpe de Chine und → Satin.

Recyceltes Polyester (rPES) stammt meistens aus Einweg-Plastikflaschen aus PET. Das PET-Granulat aus Pfandautomaten ist ein begehrter Rohstoff, denn die Qualität der daraus hergestellten Fasern unterscheidet sich kaum von neuen Fasern. Das Recycling von Kleidung aus Polyester ist demgegenüber nicht so effizient, da Bestandteile aus anderen Materialien (Etiketten, Knöpfe, Reißverschlüsse, Futter und Einlagen) entfernt werden müssen und das Ausgangsmaterial nicht so homogen ist.

Textilkennzeichnung: PES; Bügeln: 150–180 °C (2 Punkte)

Pongé

Wer sich noch an die Seidenmalerei-Welle der späten 1980er Jahre erinnert, kennt Pongé-Seide: Dieser sehr dünne, glänzende, sehr leichte und feinfädige Stoff in Leinwandbindung diente meistens als Maluntergrund, denn er nahm Seidenmalfarben sehr gut auf und war außerdem günstig zu haben. Heute dient Pongé aufgrund der glatten Oberfläche vor allem als Futterstoff für leichte Sommerjacken oder als Unterkleid – Stoffbestände ehemaliger Seidenmalerinnen lassen sich auf diese Weise sinnvoll verwenden.

✂ Auf einem ausgebreiteten Laken oder einer anderen rauen Unterlage zuschneiden.

Mit einer sehr feinen, neuen Standardnadel (60er) und feinen Stichen (2 mm) nähen, wenn möglich mit Geradstichplatte und -fuß. Falls sich die Naht zusammenzieht, die Fadenspannung und den Nähfußdruck herabsetzen.

Ohne Dampf mit der Temperatureinstellung für Seide (2 Punkte/160 °C) bügeln.

Popeline

In der Weltrangliste universell verwendbarer Stoffe steht die Popeline ganz oben. Den feinfädigen Baumwollstoff, der wenig knittert, gibt es in verschiedenen Stärken, er ist je nach Qualität für leichte Hemden und Blusen ebenso geeignet wie für Hosen, Trenchcoats und Freizeitjacken. Der Legende nach handelt es sich um den Stoff der Päpste, der im 14. Jahrhundert in Avignon erfunden wurde – der Name leitet sich angeblich vom französischen *pape*, Papst ab, das erst zum Namen *papeline* und schließlich zu *popeline* wurde. Eine andere Quelle ergänzt, dass es sich zuerst um einen sehr feinen, nur vom Papst verwendeten Wollstoff gehandelt habe.

Charakteristisch für Popeline ist eine kaum merkliche Rippenstruktur quer zum Fadenlauf: In der Regel hat Popeline doppelt so viele Kettfäden wie Schussfäden, die Kettfäden sind dafür etwas feiner als der Schuss. Bei besonders hochwertiger Popeline bestehen die verwebten Fäden aus gezwirnten Garnen, also Garnen, die aus zwei oder mehr

Einzelfäden fest zusammengedreht wurden und die Baumwolle wurde → merzerisiert, wodurch sie glänzender und haltbarer ist. Neben reiner Baumwollpopeline gibt es auch Stoffe mit Polyesterbeimischung.

Mit Standardnadeln mittlerer Stärke (80er) und mittlerer Stichlänge (2,5 mm). Falls Probleme bei der Stichbildung auftreten, feinere Nadeln oder Microtexnadeln probieren, sie können den sehr dichten Stoff leichter durchstechen.

Mit Baumwolltemperatur (3 Punkte/200 °C) und mit Dampf bügeln, bei Chemiefaserzusatz mit niedrigerer Temperatur.

Prägekrepp → Krepp

Q

Quilting Cotton, Quiltstoffe
Das Nähen von wattierten Decken in Patchworktechnik ist in Europa zwar kein sonderlich verbreitetes Hobby, die bunt bedruckten Baumwollstoffe für Quilts finden sich aber mittlerweile in vielen Stoffabteilungen. In den USA präsentieren die Hersteller jedes Jahr mehrere neue Stoffkollektionen, 2010 wurden allein mit Quiltstoffen und -zubehör 3,5 Milliarden Dollar umgesetzt.

Typische Quiltstoffe bestehen aus mittelfester → Baumwolle in Leinwandbindung und sind von der Stärke her am ehesten mit → Cretonne zu vergleichen. Sie liegen in der Regel nur 110 bis 115 cm breit. Neben Meterware gibt es in vielen Onlineshops speziell zugeschnittene Stoffpakete mit abgestimmten Mustern, deren Abmessungen sich auf das amerikanische Maßsystem beziehen. Sogenannte *fat quarter* – ein geviertelter *yard* Stoff – sind etwa 46 × 56 cm groß (18 × 22 *inches*), bei einem *fat eighth* wird der *yard* geachtelt, die Stücke messen etwa 23 × 46 cm (9 × 22 *inches*). *Charm squares* sind in der Regel Quadrate von gut 15 cm Seitenlänge (6 *inches*).

Quiltstoffe eignen sich neben der Verarbeitung zu Patchwork, Taschen und anderen Accessoires auch für das Nähen von Kleidung, haben aber verhältnismäßig viel Stand und neigen zum Knittern. Die Qualität der Drucke ist meistens sehr gut, die Farben sind sehr licht- und waschbeständig und die Stoffe laufen nur wenig ein.

Mit Standardnadeln mittlerer Stärke (80er) und feinen Stichen (2 mm) nähen.

Mit Baumwolltemperatur (3 Punkte/200 °C) und mit Dampf bügeln.

R

Ramie

Das »Leinen des fernen Ostens« wird aus den Stängeln von *Boehmeria nivea*, einer mit der Brennnessel verwandten Pflanze aus Ostasien gewonnen. Sie treibt aus Wurzelstöcken in sehr kurzer Zeit 120 bis 180 cm lange Stängel, in deren äußeren Schichten sehr haltbare Zellulosefasern vorkommen. Diese Fasern sind fest, glatt, glänzend, weiß, dabei leicht, weich und fein und gut einzufärben. Ein Beitrag in einer landwirtschaftlichen Zeitschrift für Tropenpflanzer geriet 1906 ins Schwärmen: Ramie »dient auch in großem Maßstabe zur Anfertigung von Garnen zu Stickereien, Spitzen und den feinsten Luxusgeweben, und zwar übertreffen diese an Feinheit die holländischen Leinengarne, an Zartheit und Dauerhaftigkeit Gewebe aus Seide oder Baumwolle, an Weichheit Seehundsfelle, Dammaste und Stickereien von ausgesuchtester Feinheit.« Obwohl Ramie geringere Anforderungen an Bewässerung und Boden stellt als beispielsweise Baumwolle, sind Stoffe aus Ramie nur selten als Meterware zu bekommen. Bei Spezialversendern für Biostoffe findet man am ehesten eine Art → Batist,

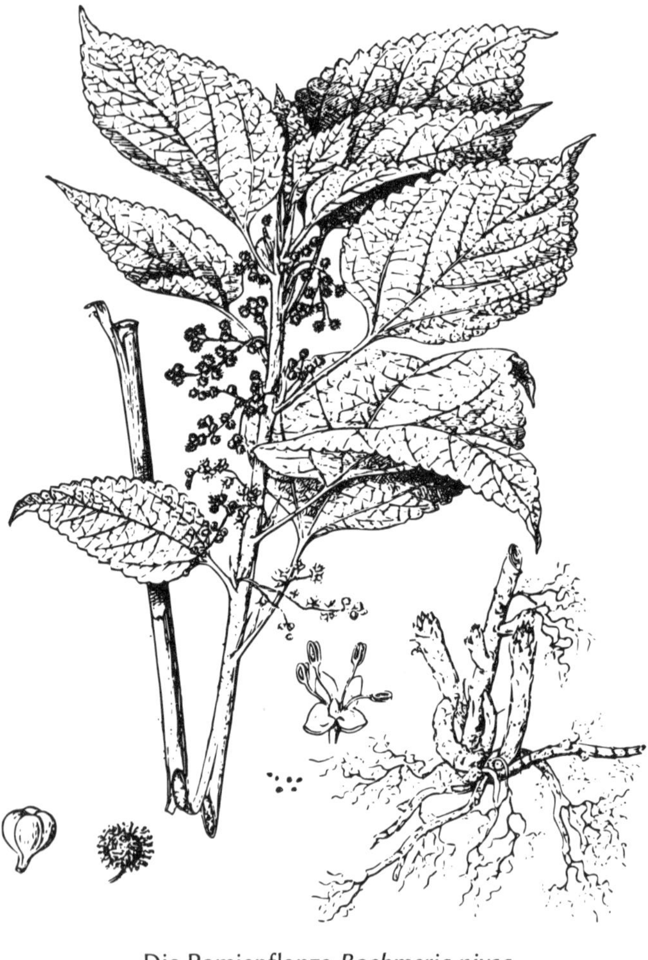

Die Ramiepflanze *Boehmeria nivea*

der an dünnes → Leinen erinnert, in Asien werden heute vor allem Banknoten aus Ramie hergestellt.
Textilkennzeichnung: RA; Bügeln: 200 °C (3 Punkte)

Ratiné
Einen Mangel zum Prinzip zu erheben, dieser kluge Schachzug der Wollstoffproduzenten steckt möglicherweise hinter diesem Stoff, der in den 1940er und 1950er Jahren besonders verbreitet war. Bei Ratiné handelt es sich um einen dicken, flauschigen Stoff aus → Wolle oder Wollmischung, der stark gewalkt, geraut und auf der rechten Seite mit den rotierenden Schmirgelplatten der Ratiniermaschine bearbeitet wurde, so dass sich der Flor zu kleinen Knötchen verfilzt. Diese Oberflächenstruktur lässt die moderne Stoffkäuferin sogleich an → Pilling denken, die Knötchen des Ratiné waren aber Absicht und nicht von selbst durch eine mindere Qualität der Wolle entstanden. Oder wurde lediglich eine Knötchenbildung vorweggenommen, mit der man zu Zeiten der Textilrationierung ohnehin rechnen musste?

Die große Ratiné-Mode ist seitdem nicht wiedergekommen, obwohl auch wir heute Bedarf an Pilling-kaschierenden Stoffen hätten. Knotig-filzig strukturierten Wollstoff findet man nur noch im Luxussegment. Casentino, ein italienischer Wollstoff mit angefilzter, lockiger Oberfläche, ähnlich wie ein räudiger Teddybär, wird in kräftigen Farben wie Grün, Orange und Pink nur noch in kleinen Textilbetrieben im Arno-Tal hergestellt und kostet ein kleines Vermögen.

Rayon, Reyon → Viskose

Recyclingstoffe → Baumwolle → Cupro → Econyl → Polyester

Renforcé
Ein Vertreter der Gruppe feiner Baumwollstoffe in Leinwandbindung, die nur schwer untereinander abgegrenzt werden können. Renforcé – der Name geht auf das französische Verb *renforcer*, verstärken zurück – gilt als gröber als → Batist und → Kattun und feinfädiger

und weicher als → Cretonne. Die Stoffoberfläche ist stumpf, meistens bedruckt, oft enthält der Stoff einen Polyesteranteil. Geeignet ist Renforcé für Hemden, Blusen, Hemdblusenkleider und Bettwäsche.

Mit feiner Standardnadel (70er, 80er) und feinen Stichen (2 mm).

Mit Baumwoll-Einstellung (3 Punkte/200 °C) und Dampf.

Rips

Rips ist eine allgemeine Bezeichnung für Stoffe mit einer Rippenstruktur, meistens in Querrichtung, wie man sie von Ripsbändern kennt. Die Rippen entstehen, wenn sehr viele sehr feine Kettfäden mit gröberen Fäden durchwoben werden. Die dicken Schussfäden werden von den feinen Kettfäden umschlossen und bilden die deutlich sichtbaren Rippen. Ripsstoffe werden aus unterschiedlichen Materialien hergestellt, oft sind es kräftige, glänzende Stoffe mit viel Stand aus → Viskose, → Acetat und → Polyester, es gibt aber auch Rips aus → Wolle, → Baumwolle und → Seide, die für Jacken, Mäntel, enge Röcke, Etuikleider und Kostüme geeignet sind.

✂ Die Rippenstruktur bedingt, dass der Fadenlauf genau eingehalten werden muss.

Je nach Stoffstärke mit einer feinen oder mittelstarken Standardnadel (70er, 80er) und feinen bis mittleren Stichen (2–2,5 mm).

Rippjersey → Jersey

Ripstop-Nylon

Ein gewebter, sehr reißfester und dabei sehr leichter Nylonstoff, der ursprünglich für Gleitschirme und Spinnakersegel entwickelt wurde. Charakteristisch sind die eingewebten dickeren Verstärkungsfäden in Kette und Schuss, die den Stoff ähnlich wie bei einem Karopapier durchziehen. Der Stoff ist wind- und wasserdicht, allerdings nicht atmungsaktiv, und wird zu leichten Jacken, Fahrradumhängen, Regenhosen, Drachen und Fahnen verarbeitet.

✂ Ripstop ist rutschig, daher eventuell einlagig zuschneiden und ein Laken unterlegen. Nur in den Nahtzugaben stecken, die Nadellöcher schließen sich nicht.

Mit einer Microtex-Nadel mittlerer Stärke (80er) und mit mittlerer Stichlänge nähen. Falls der Stoff schlecht transportiert wird, den Obertransportfuß verwenden.

Mit Chemiefasereinstellung (1 Punkt/110 °C) bügeln, Temperatur an einem Stoffrest testen.

Rohseide
Was haben weise Tai-Chi- oder Kung-Fu-Meister und die zwielichtigen Helden trivialer Romane gemeinsam? Sie tragen Anzüge aus Rohseide, einer Seide, bei der der Seidenleim, der die Fäden zu einem Kokon zusammenklebt, nicht vollständig entfernt wurde. Da meistens die gröberen, äußeren Schichten der Kokons so verarbeitet werden, zeichnet sich Rohseide durch unterschiedlich dicke Fäden und Unregelmäßigkeiten aus. Durch den Seidenleim werden Farben nicht so gut angenommen, die Färbungen sind daher manchmal wolkig und unregelmäßig, der Stoff wirkt rustikal, teils matt, teils glänzend und hat meistens eine gröbere Webstruktur. Beim Waschen – das wie immer bei Seide nur kalt und mit einem milden, für Seide geeigneten Waschmittel erfolgen sollte, weil Laugen die Eiweißfaser angreifen – wird jedes Mal etwas von dem Seidenleim im Gewebe entfernt, so dass Rohseide mit der Zeit immer weicher wird. Verarbeitet wird diese Bastseide oder Rohseide zu Kleidern, Blusen, Oberhemden und Anzügen für Tai-Chi und Kung-Fu. Rohseidene Jacketts im Out-of-Africa-Look waren in den späten 1980er Jahren tatsächlich beliebt, als Seide aus China zu sehr niedrigen Preisen angeboten wurde.

✂ Das lockere Gewebe sollte sofort nach dem Zuschneiden versäubert werden.

Mit einer feinen Standardnadel (70er) und feinen Stichen nähen, Nahtlinien eventuell mit feinen Einlagestreifen verstärken, falls sich die Gewebefäden leicht verschieben.

Ohne Dampf mit 160 °C (2 Punkte) bügeln.

Romanit → Jersey

Rosshaar → Einlage

S

Salz und Pfeffer → Pfeffer und Salz

Samt
Der rote Samtvorhang im Theater oder Krönungsmantel von Königinnen und Königen – Samt hat immer etwas Feierliches, und zu den Zeiten, als Samt in sehr aufwendiger Handarbeit aus Seidenfasern hergestellt wurde, war er für den Normalbürger unerschwinglich. Der Flor des Samts entsteht durch ein zusätzliches System von Kett- oder Schussfäden, die beim Weben in kleinen Schlaufen über Drähte geführt und später aufgeschnitten werden. Bis ins 19. Jahrhundert wurden diese Schlaufen parallel zur Webkante und Reihe für Reihe mit einem speziellen Messer von Hand geschnitten – 500 bis zu 1200 Reihen über die ganze Länge des Stoffstücks. Mit der Erfindung automatischer Webstühle und Schneidemaschinen Mitte des 19. Jahrhunderts, konnten sich auch gut situierte Bürgerliche Samt leisten. Eine der größten europäischen Samtwebereien entstand im letzten Drittel des 19. Jahrhunderts in Hannover-Linden. Der »Lindener Samt«, ein besonders hochwertiger Baumwollsamt, war bis zum Zweiten Weltkrieg ein Begriff in der Welt der Modeblätter.

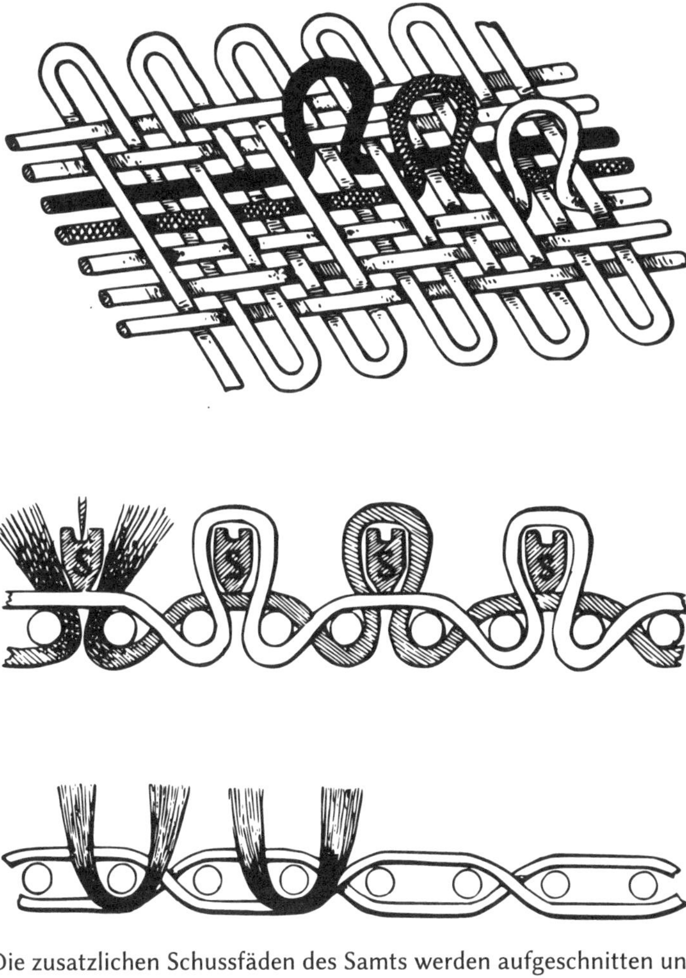

Die zusatzlichen Schussfäden des Samts werden aufgeschnitten und bilden den Flor

Heute wird Samt aus → Baumwolle und → Seide, aber auch aus → Viskose, → Acetat und → Polyester allein oder in Mischungen mit Naturfasern gewebt, oft wird für den Flor ein anderes Material als für den Grundstoff verwendet. Samt ist je nach Materialzusammensetzung für Jacken, Mäntel, Röcke, Hosen, enge Kleider und Abendkleider geeignet. Baumwollsamt ist im allgemeinen recht robust und kann ähnlich wie Cord eingesetzt werden, während Samt aus Acetat, Viskose oder Seide in der Regel vorsichtig behandelt werden muss. Da der Stoff viel Volumen und Stand hat, sind Schnitte mit Drapierungen oder eingekräuselten Partien eher ungünstig.

✂ Samt hat einen Strich und schimmert unterschiedlich, daher müssen die Schnittteile alle in einer Richtung aufgelegt werden. Wenn der Strich am Körper nach oben verläuft, sieht die Farbe satter aus, ein nach unten laufender Strich ist weicher und trägt sich möglicherweise angenehmer.

Mit Standardnadeln mittlerer Stärke (80er) und mittlerer Stichlänge (2,5 mm) nähen, Nährichtung ist immer mit dem Strich. Durch den Flor können sich die Teile beim Nähen stark gegeneinander verschieben, Abhilfe bringt ein Obertransportfuß. Außerdem empfiehlt sich das Vorheften der Nähte mit der Hand, am besten in zwei parallelen Heftnähten rechts und links der Nahtlinie, so dass die Maschinennaht schließlich zwischen die Heftnähte gesetzt werden kann.

Nur sehr vorsichtig von links bügeln, am besten auf einem Nagelbrett, einem speziellen Bügelbrett für Samt, damit der Flor nicht plattgedrückt wird.

Satin

Satin war in den Hollywoodfilmen der 1930er und 1940er Jahre allgegenwärtig: Fay Wray trug ein weißes Satinkleid, als sie von King Kong auf das Empire State Building entführt wurde, Rita Hayworth ein schwarzes, als sie sich die berühmten Handschuhe auszog. Der stark glänzende Stoff reflektierte das Licht der Scheinwerfer besonders gut und wirkte auch im Schwarz-weiß-Film sinnlich und lebhaft. Ob Seidensatin für Abendkleider, Brautsatin für Brautkleider, Faschingssatin für Faschingskostüme, Baumwollsatin mit Elastananteil für Etuikleider – im Prinzip handelt es sich immer um einen Stoff in → Atlasbindung, nur mit unterschiedlichen Materialzusammensetzungen und in unterschiedlichen Stärken gewebt. In jedem Fall ist Satin sehr glatt, mit einer stärker glänzenden rechten und einer etwas weniger glänzenden linken Seite. Der Name Satin geht auf das Französische *satiné* zurück, das »seidig glänzend« bedeutet. Nach einer anderen Quelle ist der Name Satin von *Zaitun* abgeleitet, dem arabischen Namen der chinesischen Stadt Zhanzhou, aus der Seidensatin importiert wurde.

Der typische Glanz des Satins kommt einerseits durch die verwendeten Fasern zustande: Sehr glatte, feine Endlosfasern wie → Polyester-, → Viskose- oder → Acetatfilamente oder → Seide, oder glatte, → merzerisierte → Baumwolle. Der zweite Glanzfaktor ist die Atlasbindung, in der Satin gewebt wird: Der Schussfaden verkreuzt sich in der Regel nur mit jedem fünften oder jedem achten Kettfaden. Auf der rechten Seite liegen daher lange Abschnitte des Schussfadens auf der Stoffoberfläche und reflektieren das Licht.

Auch der Fall wird durch die Webart beeinflusst. Im Vergleich zur Leinwandbindung, bei der sich der Schussfaden mit jedem zweiten Kettfaden kreuzt, liegen diese so genannten Bindungspunkte beim Satin weit auseinander. Der Stoff bildet kein starres Gitter, mit dicht an dicht angeordneten Bindungspunkten, sondern die Fäden können sich minimal gegeneinander verschieben, der Stoff fällt dadurch weicher und fließender. Feiner Satin aus Seide oder Chemiefasern eignet sich daher gut für Drapierungen, während sich kräftiger Baumwollsatin für Hosen, Blazer, enge Röcke und Kleider anbietet.

✂ Feinen, sehr rutschigen Satin auf einem untergelegten Laken zuschneiden, damit er nicht wegrutscht. Nur sehr vorsichtig auf den Nahtzugaben mit sehr feinen Nadeln stecken, da feiner Satin leicht Fäden zieht und die Einstichlöcher sichtbar bleiben können.

Nadelstärke und Stichlänge auf die Stoffstärke abstimmen: Feinen Satin mit einer sehr feinen Nadel (60er) nähen, Baumwollsatin mit feiner bis mittlerer Nadel (70er, 80er) und mit feiner bis mittlerer Stichlänge (2–2,5 mm).

Einstellungen des Eisens an das Material des Satins anpassen: Kunstfasersatin darf nur mit sehr niedrigen Temperaturen gebügelt werden, Seidensatin nur ohne Dampf, Baumwollsatin ist robuster und verträgt höhere Temperaturen.

Schneideplüsch → Nicki

Schottenkaro → Tartan

Scuba → Neopren

Seersucker

In Kaufhausprospekten werden Hemden und Bettwäsche aus Seersucker als »bügelfrei« angepriesen. Diese Zusicherung kann im Grunde nur als Ironie seitens des Verkäufers verstanden werden: Die gewebte, gekräuselte Oberfläche des Seersuckers ließe sich nämlich durch kein Bügeleisen der Welt glätten. Schmale Längsstreifen mit glatter Oberfläche wechseln sich mit gekräuselten Streifen ab, oft besitzt der Stoff zusätzlich ein zwei- oder mehrfarbiges eingewebtes Streifen- oder Karomuster. Der Name Seersucker geht auf den persischen Ausdruck *shir o shekar* zurück, der übersetzt »Milch und Zucker« bedeutet – die glatten Streifen symbolisieren Milch, die krausen verkörpern den Zucker. Diese Strukturen werden durch unterschiedliche Spannungen des Kettfadens erzeugt. Lose eingestellte Kettfäden ergeben die welligen Partien, Kettfäden mit normaler Spannung die glatten. Manchmal wird die wellige Optik von Seersucker imitiert, dann ist die blasige Stoffstruktur auf eine Ausrüstung nach dem Weben zurückzuführen, zum Beispiel auf das Bedrucken mit Natronlauge wie bei → Borkenkrepp. Weil Seersucker durch seine unregelmäßige Struktur nicht an der Haut kleben kann, wenig knittert und meistens aus reiner → Baumwolle besteht, ist er ein idealer Sommerstoff. Blusen, Hemden, Röcke, Kleider und locker sitzende Hosen lassen sich aus dem mittelfesten Stoff nähen.

✂ Unproblematisch – bei ausgeprägteren Streifen- oder Karomustern zusätzlich zur Seersuckerstruktur sollte auf die Platzierung geachtet werden.

Mit Standardnadeln mittlerer Stärke (80er) und mittlerer Stichlänge (2,5 mm).

Mit Baumwoll-Einstellung (3 Punkte/200 °C), auch mit Dampf, bei Chemiefaseranteil mit niedrigerer Temperatur.

Seide

In China werden die Raupen des Maulbeerspinners, eines weiß-grauen Schmetterlings, schon seit mehr als 5000 Jahren gezüchtet. Das Geheimnis der Seidenraupenzucht konnte lange bewahrt werden: Die Legende besagt, dass es erst um das Jahr 550 herum zwei Mönchen gelang, Eier des Seidenspinners außer Landes zu schmuggeln.

Der Maulbeerspinner lebt etwa einen Monat als Raupe und muss in dieser Zeit rund um die Uhr alle zwei Stunden mit Maulbeerbaumblättern gefüttert werden. Er verpuppt sich innerhalb von zwei Tagen. Die zwei Seidenfäden, die die Raupe aus einer Drüse am Kopf produziert und die den Kokon bilden, sind etwa 3500 Meter lang und bestehen aus Eiweiß, sie sind zusätzlich mit Seidenleim verklebt. Bei der Seidenherstellung werden die Kokons in heißem Wasser gekocht,

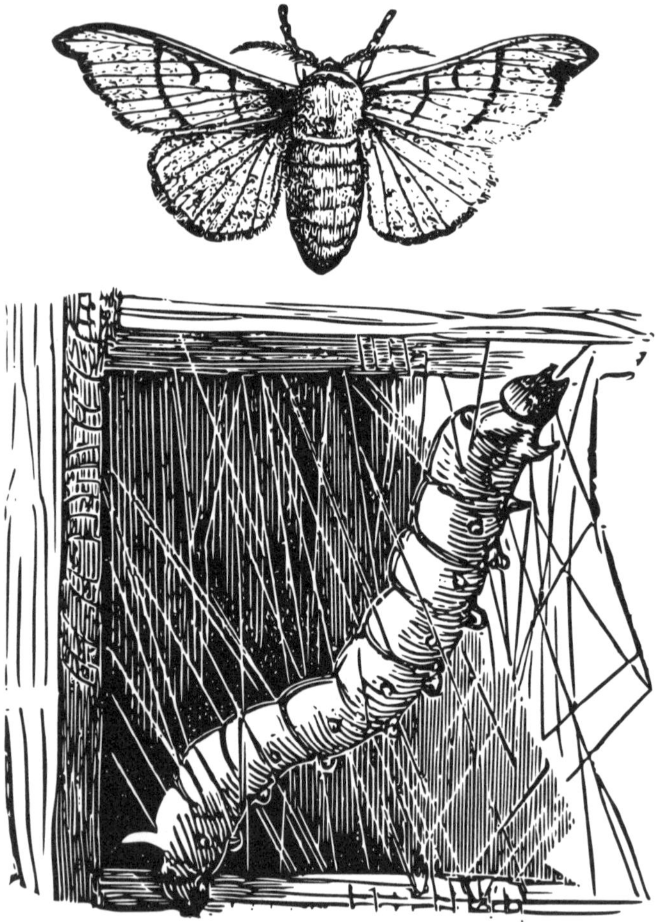

Der Seidenspinner *Bombyx mori* als Falter und Raupe

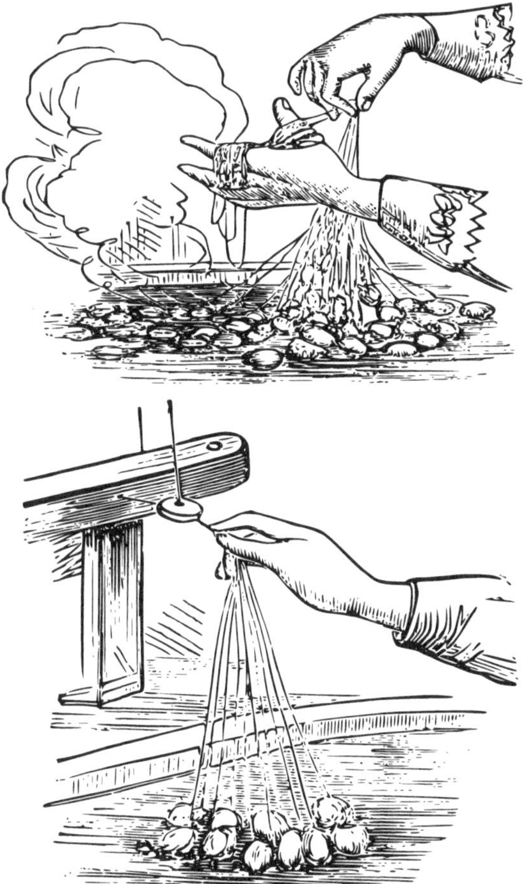

Die Kokons werden gekocht, bis sich der Seidenleim löst und die Fäden abgehaspelt werden können

bevor der Schmetterling schlüpfen kann. Der Seidenleim weicht auf, so dass die Kokons abgewickelt werden können. Der mittlere Teil des Kokons, etwa 1000 Meter, ergibt die hochwertigste Seide. Die Haltefäden des Kokons, die inneren Schichten und Seidenabfälle werden zu weniger hochwertigen Stoffen, z. B. zu → Bouretteseide oder zu Nähseide (Seidengarn) verarbeitet.

Bei *Peace Silk* oder *Ahimsa Silk*, sogenannter gewaltfrei produzierter Seide, dürfen die Seidenraupen schlüpfen und werden nicht getötet. Ist die Produktion außerdem bio-zertifiziert, werden keine Hormone verwendet, die das Wachstum der Seidenraupen anregen. Da die Kokons durch das Schlüpfen an einer Seite aufgebrochen werden, wird der Seidenfaden in kürzere Abschnitte geteilt. *Peace silk* ist daher meistens aus dickerem Garn mit leichten Unregelmäßigkeiten gewebt, das aus mehreren miteinander versponnenen Seidenfäden besteht.

Nach dem Weben wird die Seide meistens entbastet, das heißt der restliche Seidenleim, der die Fäden miteinander verklebt, wird herausgewaschen, wodurch die Seide erst ihren schönen Glanz erhält. Der Seidenstoff verliert dadurch Gewicht, wird aber auch weicher und schmiegsamer und lässt sich besser färben. Um den Gewichtsverlust auszugleichen und einen schönen, schweren Fall und Stand des Stoffes zu erzielen, werden die meisten Seiden mit Kunstharzen oder Metallsalzen nachbehandelt.

Seide ist die feinste Naturfaser mit einer Stärke von 1–4 dtex, das heißt 10 000 m Faden wiegen zwischen 1 und 4 Gramm. Dabei ist Seide aber sehr elastisch und so reiß- und scheuerfest, dass sie vor der Erfindung der Chemiefasern für Schirmbespannungen, Fallschirme, Schreibmaschinenbänder und Strumpfhosen verwendet wurde. Von Natur aus knittert Seide sehr wenig, stark knitternde Seide kann darauf hindeuten, dass der Stoff zu stark mit Metallsalzen erschwert wurde. Auch falsches Waschen kann Seide zerstören: Sie ist gegenüber Laugen sehr empfindlich und sollte nur mit neutralem Waschmittel bei höchstens 30 °C gewaschen werden.

Typische Seidenstoffe sind → Bourette, → Chiffon, → Crêpe de Chine, → Duchesse,→ Dupion, → Georgette, → Organza, → Pongé, → Satin, → Taft und → Twill.
Textilkennzeichnung: SI, Ms; Bügeln: 130–160 °C (2 Punkte)

Serge

Serge ist eine Bezeichnung für Stoffe in → Köperbindung, wobei es eine Reihe unterschiedlicher Stoffarten gibt, die üblicherweise unter diesem Namen verstanden werden können. Die Herkunft des Namens hilft in diesem Fall auch nicht weiter – *tissu sergé* ist lediglich die französische Bezeichnung für einen in Köperbindung gewebten Stoff. Es gibt Wollserge für Anzüge und Kostüme, Futterserge aus Viskose, Baumwollserge als kräftigen Stoff zum Beispiel für Hosen. Alle zeichnen sich durch feine, diagonal verlaufende Rippen auf der Stoffoberfläche aus. Vom Baumwollserge führt eine Spur zum Jeansstoff: Man vermutet, die Bezeichnung → Denim gehe auf »Serge de Nîmes«, Serge aus Nîmes zurück, einen blau gefärbten kräftigen Köperstoff, der in der südfranzösischen Stadt hergestellt oder gehandelt wurde.

Shantung

Shantung ist ein noppiger Stoff aus Wildseide, der nach seinem Herkunftsort, der chinesischen Provinz Shantung, heute Shandong, an der Ostküste Chinas benannt ist. Die Seide stammt vom Eichenseidenspinner, einem wild lebenden Schmetterling, der sich von Eichenblättern ernährt und dessen Kokons erst nach dem Schlüpfen der Falter gesammelt werden. Der Seidenfaden ist daher unterbrochen und kann, anders als bei der Zuchtseide, nicht in einem Stück abgehaspelt werden. Mehrere Seidenfäden werden versponnen und bilden ein unregelmäßiges Garn mit Verdickungen, das bei Shantung vor allem als Schussfaden verwendet wird. Da die Seidenfäden nur teilweise vom Seidenleim, der die Kokons zusammenhält, befreit werden, glänzen sie nur mäßig, der Stoff hat einen festen Griff und viel Stand, wird durch Waschen allerdings weicher. Shantung ähnelt damit der

→ Honanseide, die ursprünglich aus der Nachbarprovinz stammt und ist für lockere Kleider und Blusen geeignet.

✂ Shantung franst leicht aus, die Nahtzugaben daher möglichst bald versäubern.

Mit feiner Nadel (70er) und feinen Stichen (2 mm) nähen.

Wie die meisten Seiden verträgt Shantung recht hohe Temperaturen (2 Punkte/150 °C), ist aber empfindlich gegen Wasserflecken.

Singlejersey → Jersey

Sisal
Fasern aus den Blättern einer mittelamerikanischen Agavenart. Sehr zug- und scheuerfest sowie wasserfest, daher ideal für Fußbodenbeläge und Seile.
Textilkennzeichnung: SI

Softshell
Softshell ist eine Bezeichnung für Funktionsstoffe verschiedener Stärke und Qualität, die aus mehreren miteinander verschweißten Schichten bestehen, z. B. aus einer weichen Fleecerückseite, einer → Klimamembran und einer wasserabweisenden oberen Schicht aus glattem Mikrofaserstoff. Die Lagen bestehen meistens aus → Polyester oder → Polyamid. Softshell wird ungefüttert verwendet, denn ein herkömmlicher → Futterstoff kann den Feuchtigkeitstransport von innen nach außen beeinträchtigen.

✂ Das Schnittmuster nicht mit Stecknadeln feststecken, da sich die Löcher im Softshell nicht mehr schließen. Stattdessen Gewichte oder Klebeband verwenden und mit dem Rollschneider oder einer Stoffschere zuschneiden.

Mit einer Microtexnadel (80er, 90er) nähen, die das dichte Material durchstechen kann. Mit Geradstich mit größerer Stichlänge (3,5 mm) nähen, dabei den Nähfußdruck reduzieren oder einen Obertransporteur verwenden, damit sich die Lagen nicht verschieben und sich das Material nicht verzieht. Softshell franst nicht aus und muss daher nicht versäubert werden.

Bei geringer Hitze (1 Punkt/100 °C) bügeln, ein Bügeltuch dazwischenlegen.

Sojafasern → Eiweißfasern

Spiegelsamt → Pannesamt

Spitze

Wohl kein Stoff ist so vielgestaltig wie Spitze: Es gibt sie aus → Baumwolle, → Leinen, Chemiefasern und → Seide, elastisch und unelastisch, hauchfein oder grob, als Borte, Einsatz oder Meterware. Zu den Zeiten, als Spitze in Handarbeit hergestellt wurde, war sie ein teures Statussymbol. Spitzenkragen, -manschetten und spitzenbesetzte Prunktaschentücher konnten sich nur sehr reiche Leute leisten, Spitzengarnituren wurden geschont, vererbt, umgearbeitet und an neue Moden und Kleidungsstücke angepasst. Es gab Klöppelspitze und Häkelspitze, Spitze aus besticktem Tüll (Tüllspitze) oder besticktem Netzuntergrund (Filetspitze), aus feinem Gewebe mit ausgezogenen Fäden oder aus besticktem, ausgeschnittenen Stoff, und nicht zuletzt die kostbarste und teuerste Spitze überhaupt, Nadelspitze, deren Motive aus feinen Fäden bestehen, die in langwieriger Handarbeit mit Schlingstichen miteinander verbunden werden. Die Erfindung der Bobinetmaschine und der Raschelmaschine im späten 19. Jahrhundert machten Spitzen erst allgemein erschwinglich.

Für das Nähen von Spitzenstoffen ist jedoch vor allem wichtig, ob die Spitze dehnbar oder nicht dehnbar ist. Gewirkte elastische Spitze besteht meistens aus Chemiefasern, manchmal auch aus → Baumwolle

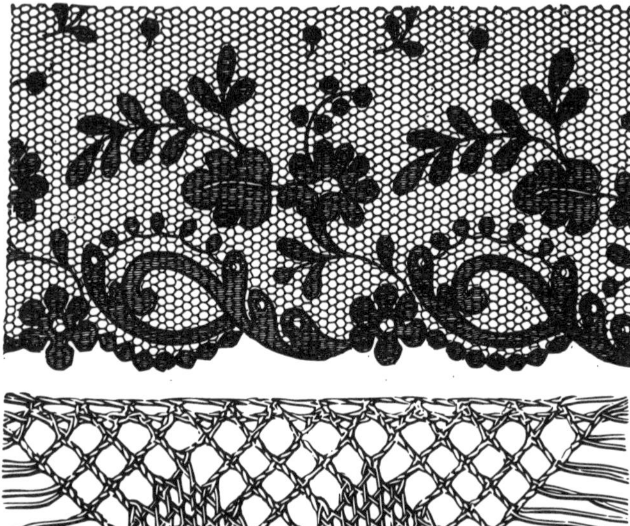

Tüllspitze – Klöppelspitze – Häkelspitze

mit → Elasthananteil und kann für sich genommen auch zu körpernahen Schnitten verarbeitet werden: Als Einsatz in Unterwäsche, als enges Spitzenshirt oder Kleid. Bei nicht-elastischen Spitzen sollte Zug auf die Nähte vermieden werden, daher wird Spitzenstoff oft mit einem anderen, nicht-dehnbaren Stoff unterlegt und gemeinsam wie eine einzige Stofflage verarbeitet.

Auf einem Laken zuschneiden, damit der Spitzenstoff nicht verrutscht. Bei großen Mustern einlagig zuschneiden, um die Muster gut platzieren zu können.

Elastische Spitzen mit einer feinen Jerseynadel (70er) und einem elastischen Stich oder mit der Overlockmaschine nähen, nicht dehnbare Spitzen mit feiner Standardnadel (60er oder 70er) und feinem Geradstich (2 mm). Bei Spitzen, die sich nicht auflösen, können die Nähte entlang von Motivkanten platziert und die Spitze im Musterverlauf links auf rechts überlappend mit feinem Zickzackstich fast unsichtbar zusammengenäht werden. Beanspruchte Nähte verstärken.

Mit einem Bügeltuch abdecken, damit das Bügeleisen nicht hängen bleibt und die Temperatur an das Material der Spitze anpassen.

Stramin
Gitterartiger Handarbeitsstoff aus → Baumwolle mit auszählbaren quadratischen Kästchen, der durch eine → Appretur sehr stark versteift ist. Stramin wird als Untergrund fürs Teppichnüpfen und für Gobelin- und Kreuzstichstickereien mit feiner Wolle verwendet, dabei wird der Stramin vollkommen vom Stickfaden überdeckt. Feinere Stramine dienen als Hilfsmittel zum Sticken von Kreuzstichmustern auf Stoffen, die sich nicht auszählen lassen. Dazu heftet man ein großzügig bemessenes Stück Stramin auf den Stoff, der bestickt werden

soll, stickt durch Stramin und Untergrund gemeinsam und weicht die Stickerei zum Schluss in kaltem Wasser ein, so dass sich die Appretur auflöst. Die Straminfäden können dann einzeln mit einer Pinzette herausgezogen werden.

Stramin wird in verschiedenen Rastergrößen hergestellt und durch die Anzahl der Löcher auf 10 cm Stoffbreite und -höhe unterschieden: Stramin 14/10 und 18/10 mit 14 bzw. 18 Löchern auf 10 cm wird zum Knüpfen verwendet, die Stärken 26/10, 38/10 und 40/10 dienen als Untergrund für Gobelinstickereien, während Stramin 52/10 und 56/10 mit 52 bzw. 56 Löchern auf 10 cm für Kreuzstichstickerei geeignet ist.

Streichgarn → auch Wolle
Zu Streichgarnen werden vor allem kürzere, welligere Wollsorten und wiederverwertete Reißwolle verarbeitet, oft in Mischung mit wollähnlichen Chemiefasern aus → Acryl, → Viskose und → Polyester. Das Fasermaterial wird vor dem Spinnen aufgelockert, gemischt und beim Krempeln durch eine Maschine mit vielen gezahnten Walzen zu einem gleichmäßigen Faserflor geordnet, in dem alle Fasern parallel liegen. Der in Bänder geteilte Faserflor wird zu Garn versponnen. Streichgarne sind weich und flauschig, manchmal ungleichmäßig, es stehen viele kleine Faserenden aus dem Garn heraus, so dass bei einem gewebten Stoff aus Streichgarn die Webart meistens nicht mehr zu erkennen ist. Typische Streichgarnstoffe sind → Flanell, → Flausch, → Loden, → Marengo und → Tweed.

Stretch → Elastan

Strickstoffe
Oberbegriff für gestrickte und auch gewirkte, querelastische Stoffe aus dickerem Garn als → Jersey aus verschiedenen Materialien, hauptsächlich → Acryl, → Baumwolle oder → Wolle, oft mit → Polyesteranteil, geeignet für Pullover, Jacken, locker sitzende Kleider und Röcke.

✂ Vorwaschen und wenn möglich liegend trocknen, da sich der

Stoff leicht verzieht. Grob gestrickte Stoffe lösen sich an den Schnittkanten sehr leicht auf und sollten gleich nach dem Zuschnitt versäubert werden.

Feine Strickstoffe mit einer Jerseynadel nähen. Einen Elastikstich verwenden oder den Stoff mit der Overlockmaschine nähen.

Sweat
Schwerer, dicker Stoff, meistens aus → Baumwolle, oft mit Chemiefaseranteil, glatt rechts gestrickt mit rechten Maschen auf der Vorderseite und linken Maschen auf der linken Stoffseite. Die linke Seite enthält oft einen zusätzlich eingestrickten Futterfaden und ist flauschig angeraut. Nicht-angeraute Sweatstoffe, bei denen die Schlaufen der linken Maschen auf der Rückseite deutlich sichtbar sind, werden oft Sommersweat oder → French Terry genannt. Der Stoff ist nur in Querrichtung dehnbar und weniger elastisch als die meisten anderen gestrickten Stoffe. Neben Kapuzenjacken, Sweatshirts und Jogginghosen wird locker sitzende Kleidung aus Sweat genäht, die durch das Material immer etwas sportlich wirkt.

✂ Der Stoff rollt sich leicht zur rechten Seite ein.

Mit Jerseynadeln mittlerer Stärke (80er–90er) und schmalem Zickzackstich, Elastikstichen oder mit der Overlock nähen. Schulternähte mit einem Band verstärken.

Sympatex → Klimamembran

T

Tactel → Polyamid, → Mikrofaser

Taft

Ein glänzender, steifer, glatter Stoff in Leinwandbindung, früher aus → Seide, heute aus feinen Chemiefasern wie → Polyester oder → Acetat. Manchmal haben Kette und Schuss verschiedene Farben, dann ergibt sich durch die Webung ein changierender Effekt: Der Stoff schimmert je nach Blickrichtung unterschiedlich. Taft ist das typische Material für Abendkleider, der Stoff bringt viel Stand mit und wirkt durch den Glanz sehr festlich, aber auch die meisten Futterstoffe kann man als Taft bezeichnen. Die Bezeichnung Taft soll von dem persischen Wort *tafta* abgeleitet sein, das so viel wie verwebt, verflochten bedeutet.

✂ Schnittteile alle in einer Richtung auflegen, falls der Stoff je nach Richtung unterschiedlich schimmert. Nur auf den Nahtzugaben mit sehr feinen Nadeln stecken, denn die Löcher bleiben sichtbar. Taft franst sehr leicht, daher die Schnittkanten möglichst bald versäubern.

Mit einer feinen Standardnadel (60er oder 70er) und feinen Stichen (2 mm) nähen.

Temperatur an das Material anpassen und insbesondere Seide nur trocken bügeln, da Taft für Wasserflecken anfällig ist.

Tartan, Schottenkaro

Der karierte Wollstoff aus Schottland erlebte seinen ersten modischen Hype in den 1820er Jahren, nachdem der frisch gekrönte König George IV. bei einem Besuch in Schottland einen traditionellen Kilt getragen hatte. Zuvor waren die Karostoffe wohl eher das Zeichen einer regionalen Zugehörigkeit, nun wurden bestimmte Muster und Farben Familienclans zugeordnet und die ersten Tartan-Verzeichnisse angelegt.

In den letzten Jahren stellten Designer wie Vivienne Westwood und Alexander McQueen, der sogar auf das rot-schwarze Tartanmuster seiner schottischstämmigen Familie zurückgreifen konnte, Schottenkaro in das Zentrum ihrer Kollektionen. Es gibt tausende Tartanmuster, und bis heute entstehen neue – sie werden im *Scottish Register of Tartans* (`www.tartanregister.gov.uk`) verzeichnet.

Schottenkaro wird in Köperbindung aus Wollgarnen in verschiedenen Farben gewebt, traditionell vor allem Rot, Schwarz, Dunkelblau, Dunkelgrün und Gelb. Die Karomuster entstehen durch die Verkreuzung von Fadengruppen in unterschiedlichen Farben in Kett- und Schussfaden. Die entstehenden Karos sind oft nicht symmetrisch. Klassischer Tartanstoff besteht aus reiner → Wolle, heute gibt es Schottenkaro in modischen Abwandlungen, aber auch aus vielen anderen Materialien (Wolle mit Chemiefaserbeimischung, → Baumwolle, → Viskose, → Seide).

Neben dem traditonellen Kilt lassen sich Hosen, Röcke, Jacken, Kleider aus Schottenkaro nähen, wobei die Schwierigkeit steigt, die Karoübergänge an den Nähten geschickt zu platzieren, je komplexer das Schnittmuster ist.

✂ Nicht-symmetrische Karos in einfacher Stofflage zuschneiden. Vor dem Zuschneiden in doppelter Stofflage die Karos präzise aufeinander ausrichten und beide Stofflagen zusammenstecken, damit doppelte Schnittteile genau dieselbe Karoverteilung bekommen.

Mit Standardnadel mittlerer Stärke (80er) und mittlerer Stichlänge (2,5 mm).

Tartan aus Wolle mit Wolltemperatur (2 Punkte/150 °C), Bügeltuch und bei Bedarf mit Dampf bügeln. Bei Tartan aus anderen Materialien die Temperatur entsprechend anpassen.

Tencel → Lyocell

Textilsiegel

Textilien werden mit einer Flut unterschiedlicher Zertifikate und Labels als umweltfreundlich, nachhaltig oder fair gehandelt gekennzeichnet. Die Kriterien hinter diesen Labels unterscheiden sich zum Teil stark voneinander, so dass sie oft kaum vergleichbar sind. Manche Siegel beziehen sich ausschließlich auf die Umweltfreundlichkeit des Endprodukts, manche bewerten nur den Faseranbau, andere nur die Verarbeitung der Faser, einige beziehen auch soziale Kriterien wie einen fairen Lohn für die Textilproduzent:innen ein. Hier kann daher nur ein knapper Überblick über die zehn verbreitetsten Kennzeichnungen gegeben werden. Eine aktuelle Bewertung von Siegeln – nicht nur für Textilien – gibt es auf der Seite `www.siegelklarheit.de`.

Oeko-Tex Standard 100 und **Oeko-Tex Standard 100 Made in Green**. Anders als die Bezeichnung vermuten lässt, bewertet das Standard 100-Label lediglich die gesundheitliche Unbedenklichkeit von Textilprodukten für Verbraucher, indem Textilien auf Schadstoffe geprüft werden. Erst die neueren Label von Ökotex mit dem Zusatz *Made in Green* betrachten auch die Produktionsbedingungen und zeichnen Textilien aus, die nachhaltig und sozial verträglich produziert wurden.

Global Organic Textile Standard (GOTS) gilt als weltweit führender Standard für biologisch erzeugte Naturfasern mit sehr hohen ökologischen, nachhaltigen und sozialen Anforderungen. Das Label betrachtet die gesamte textile Produktionskette.

Naturtextil IVN zertifiziert BEST – Label des Internationalen Verbands der Naturtextilwirtschaft mit ähnlich strengen Kriterien wie GOTS, ausschließlich für biologisch erzeugte Naturfasern.

Blauer Engel ist ein Siegel des Bundesumweltministeriums und zertifiziert Naturfasern und Chemiefasern. Ausgezeichnet werden Textilien, die ohne gesundheitsgefährdende Chemikalien und unter

Die wichtigsten Textilsiegel

Einhaltung hoher Umweltstandards hergestellt wurden. Arbeitsbedingungen und soziale Kriterien werden nicht betrachtet.

Fairtrade Cotton – Schwerpunkt des Labels liegt auf fairem Handel und sozialverträglichen Arbeitsbedingungen in der Baumwollproduktion, Umweltkriterien sind sekundär.

EU Ecolabel – zertifiziert eine umweltfreundliche Produktion, bezieht soziale Standards nicht mit ein.

Grüner Knopf – Siegel des Bundesministeriums für wirtschaftliche Zusammenarbeit, zertifiziert ökologische und soziale Standards beim Färben, Zuschneiden und Nähen von Textilien, die außerhalb Europas produziert wurden, nicht die Fasererzeugung.

Cradle to Cradle – bewertet in erster Linie die Kreislauffähigkeit von Produkten, ob sie restlos biologisch abgebaut oder recycelt werden können, den Einsatz von Wasser und Energie sowie soziale Kriterien.

Fair Wear Foundation (FWF) – bewertet die Arbeitsbedingungen in der Textilindustrie und kämpft für existenzsichernde Löhne, Begrenzung der Arbeitszeiten und sichere Arbeitsbedingungen. Umweltstandards werden nicht bewertet.

BCI Better Cotton Initiative – bewertet und zertifiziert die Umwelt- und Arbeitsbedingungen im Baumwollanbau und kämpft für deren Verbesserung.

Trevira

Deutscher Markenname für → Polyester.

Triacetat → Acetat

Tuch

Wenn von Tuch die Rede ist, ist meistens ein in Leinwandbindung gewebter Stoff aus Wolle gemeint. Wolltuch wird in der Regel aus flauschigem rauen → Streichgarn gewebt, leicht gewalkt und zusätzlich angeraut, so dass die Gewebefäden nicht oder kaum noch sichtbar sind. Im 19. Jahrhundert war Wolltuch das vorherrschende Material für Militäruniformen. Die ersten großen, vollmechanischen Wollwebereien in Deutschland taten kaum etwas anderes, als Wolltuch für die Ausstattung der wachsenden Armee auszuspucken.

Modernes Wolltuch zeichnet sich immer noch durch die gleichen Eigenschaften aus wie das Uniformtuch vergangener Jahrhunderte: Eine flauschige, oft leicht kratzige Oberfläche, keine sichtbare Bindung, robust und wasserabweisend.

✂ Wolltuch hat oft einen leichten Strich, dann müssen alle Schnittteile in derselben Richtung aufgelegt werden.

Mit Standardnadel mittlerer Stärke (80er) und mittlerer Stichlänge (2,5 mm) nähen. Tuch ist leicht angefilzt und franst daher kaum aus.

Mit Wolltemperatur (2 Punkte/160 °C) und Dampf, auf der rechten Seite ein Bügeltuch dazwischenlegen.

Tüll

Tüll ist ein gitterartiger Stoff mit sechseckigen Öffnungen, der nach der zentralfranzösischen Stadt Tulle, einem alten Zentrum der Spitzenproduktion benannt ist. Maschinell hergestellter Tüll ahmt ein geklöppeltes Netz nach, und auch die im 19. Jahrhundert erfundene Bobinetmaschine zur Tüllherstellung (nach frz. *bobine*: Spule) nimmt das Prinzip des Spitzenklöppelns auf: Die sehr feinen Fäden sind auf sehr schmale Spulen gewickelt, die von der Maschine miteinander und mit den Kettfäden verschlungen werden. Tüll wird heute vor allem aus Chemiefasern hergestellt, selten findet man Baumwolltüll, noch seltener Seidentüll. Faschingstüll aus Chemiefaser ist sehr steif und hart und eher für Dekorationen als für Kleidung geeignet. Röcke aus Faschingstüll unbedingt füttern, denn der Tüll kratzt sehr und bleibt an Strumpfhosen hängen. Petticoattüll ist ein sehr steifer und dabei glatter Chemiefasertüll, der weniger stark kratzt, dennoch sollten

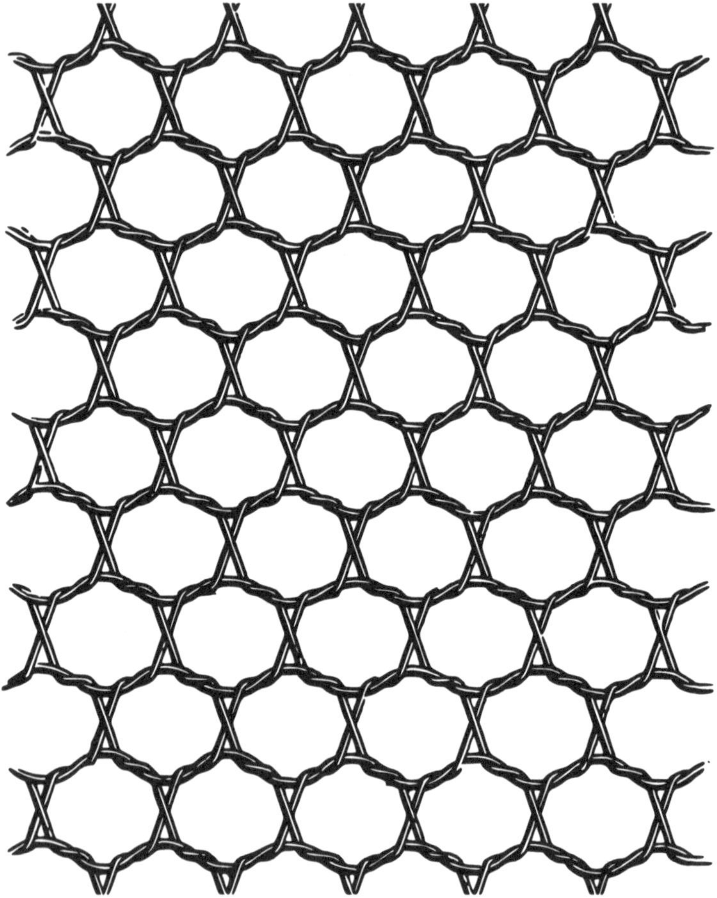

Tüll

Säume und Nähte mit Band eingefasst werden. Brauttüll ist meistens ein weicherer weißer oder cremeweißer Tüll, der für Brautschleier in größerer Breite (2,20 m) hergestellt wird.

✂ Das Zuschneiden weicherer Tüllsorten ist nicht einfach: Tüll auf einem Laken oder einer anderen nicht ganz glatten Oberfläche ausbreiten und mit viel Geduld ganz gerade ausrichten.

Mit Standardnadeln mittlerer Stärke (80er) und mittlerer Stichlänge (2,5 mm) nähen. Nähte statt mit Stecknadeln mit Foldback-Klammern, Haarclips oder Wonderclips zusammenhalten.

Tussahseide → Wildseide

Tweed

Ursprünglich grobe, handgewebte Wollstoffe, vor allem aus Schottland und Irland, aus der → Wolle einheimischer Schafe und mit Pflanzenfarben gefärbt. Die leicht gewalkten und gerauten, wasserabweisenden und strapazierfähigen Stoffe wurden im 19. Jahrhundert als praktisches Material für Freizeitkleidung entdeckt. Beim Wandern, Klettern, Radfahren, Jagen und Skifahren trugen abenteuerlustige Britinnen und Briten Tweedjacketts und robuste Hosen, weite Röcke oder Hosenröcke.

Tweedstoffe haben einen Anklang an den britischen Landadel und an die raue Natur behalten, heute allerdings bezeichnet Tweed jeden grob gewebten Stoff aus unregelmäßigen Garnen mit farbigen Einsprengseln oder unterschiedlichen Farben in Kette und Schuss aus Wolle oder Wollmischungen mit Chemiefasern oder → Seide. Auch das typische Material für Chaneljacken wird manchmal als »Chanel-Tweed« bezeichnet, obwohl diese grob und locker gewebten Stoffe aus bunten Fäden und verschiedenen Fasern weit weniger robust sind als die traditionellen Stoffe aus Großbritannien und Irland.

Der Name Tweed geht möglicherweise auf das in Schottland gebräuchliche Wort *tweel* als Bezeichnung für einen Webstoff in Köperbindung (ähnlich → Twill) zurück, das im 19. Jahrhundert zu *tweed* verballhornt wurde. Einen Zusammenhang mit dem Fluss Tweed, dem Grenzfluss zwischen Schottland und England, gibt es wohl nicht.

Bekannte Tweedarten sind: der **Harris-Tweed**, der heute noch immer auf der Insel Lewis (Äußere Hebriden) auf Handwebstühlen gewebt wird. Das Garn für den Harris-Tweed wird aus der Wolle der Schafe der Insel handgesponnen und darf nur mit Pflanzen gefärbt werden, die auf Lewis heimisch sind Die Herkunftsbezeichnung ist seit 1909 geschützt. Harris-Tweed wird in Köperbindung in verschiedenen Mustern gewebt, häufig Ton in Ton in feinem → Fischgratmuster, aber auch Karos und → Glencheck sind möglich.

Cheviot ist ein noppiger Wollstoff aus den Cheviot Hills, einer Bergkette an der Grenze von Schottland und England, aus der Wolle der gleichnamigen Schafrasse.

Donegal-Tweed ist ein kräftiger, noppiger Wollstoff, der nach der Grafschaft Donegal im Nordwesten Irlands benannt ist. Kettfäden und Schussfäden haben meistens verschiedene Farben, so dass beim Weben in Leinwandbindung ein → Salz-und-Pfeffer-Muster, oft mit bunten Sprenkeln entsteht.

Shetland ist ein sehr weicher, flauschiger Stoff in Köperbindung oder mit Fischgratstruktur aus Wolle von den Shetlandinseln, er wird auch für Chaneljacken verwendet.

Tweed ist je nach Stoffstärke und Materialzusammensetzung geeignet für Jacken und Mäntel, Hosen, Röcke und Kleider. Echter Wolltweed kratzt und sollte immer gefüttert werden, ebenso wie locker gewebte Tweedstoffe, die durch ein Futter und ggf. ein Zwischenfutter stabilisiert werden müssen.

✂ Meistens unproblematisch, manche Tweedstoffe haben einen leichten Strich, so dass alle Schnittteile in derselben Richtung aufgelegt werden müssen. Bei kariertem Tweed auf die Musteranschüsse achten. Manche Tweedstoffe, insbesondere Phantasie-Tweed à la Chanel, fransen sehr stark und sollten möglichst schnell versäubert werden. Die linke Stoffseite markieren, falls sich rechte und linke Seite nur schwer unterscheiden lassen.

Mit Standardnadel mittlerer Stärke (80er) und größerer Stichlänge (3 mm) nähen.

Tweed aus reiner Wolle kann bei Wolltemperatur (2 Punkte/160 °C) mit Dampf gebügelt werden, auf der rechten Stoffseite ein Bügeltuch unterlegen. Tweed aus Seide und Chemiefasern bei geringerer Temperatur bügeln.

Twill

Twill ist im Grunde nichts anderes als der englische Name für einen in → Köperbindung gewebten Stoff – die Köperbindung heißt auf Englisch *twill weave*. Twill als Stoffart meint in der Regel einen leichten, eher fließenden Stoff aus → Wolle, → Baumwolle, → Viskose oder Chemiefasern mit sehr feinen diagonalen Rippen auf der Oberfläche, wie man sie von → Denim kennt, nur viel feiner und weicher. Im Vergleich zu einem Stoff in Leinwandbindung in ähnlicher Stärke ist der Twill fließender und hat weniger Stand. Twill gibt es einfarbig oder bedruckt, er eignet sich je nach Materialzusammensetzung für weit schwingende Röcke, Kleider mit Drapierungen, für Blusen, Tücher oder als Futterstoff. Krawatten und teure Halstücher werden oft aus Seidentwill hergestellt.

Mit Standardnadeln mittlerer Stärke (80er) und mittlerer Stichlänge (2,5 mm) nähen.

U

Ultrasuede → Alcantara

V

vegane Stoffe

Als »vegane Seide« oder »vegane Wolle« werden oft → Eiweißfasern aus Sojabohnen oder Erdnüssen vermarktet. Selbstverständlich sind aber auch Baumwolle, Leinen, Viskose und Kunstfasern aus Erdöl vegan (wenn auch nicht unbedingt umweltfreundlich).

Velveteen, Velveton

Velveteen ist quasi der unkomplizierte kleine Bruder des → Samts mit einem leicht glänzenden, flauschigen Flor, aber viel strapazierfähiger, dünner und unproblematisch zu waschen und zu bügeln. Während manche Samtstoffe beim Nähen und Tragen wie ein rohes Ei behandelt werden möchten, weil jeder Druck und jede falsche Naht Spuren hinterlassen, nimmt es Velveteen nicht übel, zu Hosen, Jacken, Mänteln und Ellbogenflicken für britisch-landadelige Tweedjacken verarbeitet zu werden. Meistens ist Velveteen aus → Baumwolle, oft mit einer kleinen Chemiefaserbeimischung, und in → Atlasbindung gewebt. Die langen Fäden, die bei der Atlasbindung auf der rechten Stoffseite liegen und die für den weichen Fall und den Glanz von Atlasstoffen sorgen, werden bei Velveteen aufgeraut und geschmirgelt. Sie bilden eine weiche, flauschige Oberfläche, die echtem Samt zum Verwechseln ähnlich sieht, nur etwas stumpfer, aber dafür robuster ist.

✂ Velveteen hat einen Strich, so dass alle Schnittteile in derselben Richtung aufgelegt werden müssen. Wenn der Strich nach oben verläuft, erscheint die Farbe satter, bei nach unten verlaufendem Strich perlt Schmutz leichter ab.

Mit Standardnadel mittlerer Stärke (80er) und mittlerer Stichlänge (2,5 mm) nähen. Die Stofflagen verschieben sich sehr leicht, sehr gut stecken oder von Hand vorheften und wenn möglich mit einem Obertransportfuß in Strichrichtung nähen.

Velveteen ist erheblich robuster als Samt und kann meistens von links gebügelt werden – trotzdem die Temperatur und den Druck zuerst an einem Rest testen. Falls das Bügeleisen Druckspuren hinterlässt, den Stoff auf einer rauen Unterlage (Handtuch) bügeln.

Vichykaro

Hätte Brigitte Bardot nicht 1959 in einem Kleid des französischen Designers Jacques Esterel aus weiß-rosa Vichykaro geheiratet, dieser Stoff wäre vielleicht noch lange nur mit Küchengardinen, Schürzen, Kinderkleidung und Tischdecken rustikaler italienischer Restaurants in Verbindung gebracht worden und würde uns hier nicht weiter interessieren. Aber der Glamour einer Bardot brachte den bescheidenen, ländlichen Stoff erst in die Klatschpresse und dann auf die Laufstege, und so wurde aus dem gewebten, zweifarbigen Blockkaro ein ernst zu nehmendes Material für Röcke, Blusen, Hemden und Kleider, das südfranzösisches Flair und eine gewisse unschuldige Verruchtheit ausstrahlt. Benannt ist Vichykaro nach dem französischen Kurort nordwestlich von Lyon, in dem dieser Karostoff aus gekämmter → Baumwolle in Schwarz-weiß und Dunkelbraun-weiß zuerst hergestellt worden sein soll.

Nüchtern betrachtet handelt es sich bei Vichykaro um ein gewebtes Karo in Leinwandbindung, das durch abwechselnd weiße und farbige Kett- und Schussfäden entsteht. Beim Weben ergeben sich rein weiße, rein farbige und gemischt weiß-farbige Würfel, der Stoff sieht von beiden Seiten gleich aus. Pepitakaro ist ähnlich, aber in Köperbindung gewebt. Vichykaro ist ein leichter bis mittelschwerer Stoff, meistens aus → Baumwolle, wobei für Bekleidung auch Stoffe aus → Seide oder Chemiefasern hergestellt werden. Klassisches Vichykaro ist oft weiß-blau, weiß-rot oder weiß-schwarz kariert, mittlerweile gibt es aber auch Farbkombinationen wie hellgrün-dunkelgrün, gelb-orange, grau-schwarz, wobei die Karos von zwischen 3 mm und 3 oder 4 cm groß sein können.

✂ Bei großformatigem Vichykaro auf die Karoanschlüsse an den Nähten achten.

Mit Standardnadeln mittlerer Stärke (80er) und mit mittlerer Stichlänge (2,5 mm).

Vichykaro aus reiner Baumwolle mit hoher Temperatur (3 Punkte/200 °C) und auch mit Dampf bügeln, Vichykaro aus anderen Materialien mit entsprechend niedrigerer Temperatur.

Viskose, Rayon, Reyon

Viskose ist die älteste künstliche Faser, das erste Patent zur Herstellung »künstlicher Seide« wurde bereits 1884 in Frankreich erteilt. Diese erste Viskose war allerdings sehr leicht entflammbar. Viskose besteht wie → Baumwolle und → Leinen aus Zellulose, die aus zerkleinertem Holz von Fichten und Buchen, Eukalyptus und Bambus gewonnen wird. Die Holzspäne kochen in sauren oder alkalischen Lösungen, so dass sich die Zellulosebestandteile herauslösen. Dieser Zellstoff wird mit Natronlauge vermischt, wodurch sich mit der Zeit das Gefüge der Zellulosemoleküle auflöst und eine flüssige Spinnlösung entsteht, die unter hohem Druck durch Spinndüsen in ein so genanntes Fällbad gepresst wird, eine Kammer mit Wasser und Schwefelsäure, in der die feinen Strahlen aus der Spinndüse zu Fasern gerinnen. Die Bezeichnung Rayon ist von französisch *rayon*, Strahl, abgeleitet. Die weichen Viskosefasern werden über Walzen gestreckt, aufgewickelt und nachbehandelt, das heißt vor allem gespült, vom Schwefelzusatz des Fällbades befreit und geölt, damit sie beim Spinnen besser zusammenhalten.

Die Viskoseherstellung erfordert viel Wasser und einen Reihe von Chemikalien als Hilfsstoffe. Auch wenn Viskose keine Chemiefaser im engeren Sinne ist, da sie aus »natürlicher« Zellulose besteht, ist ihre Produktion nur dann umweltfreundlich, wenn Abwässer und Chemikalien in geschlossenen Systemen aufgefangen und wiederverwertet werden – ganz abgesehen von dem Schaden durch Monokulturen, um den Grundstoff Zellstoff zu gewinnen. Neuere Viskosefasern aus Produktionsverfahren mit geschlossenen Kreisläufen sind → Lyocell (Markenname Tencel) aus Eukalyptusholz und Seacell aus Braunalgen, eine Faser, die zudem hautberuhigende Wirkstoffe der Algen enthalten soll.

Viskosestoffe zeigen sehr unterschiedliche Eigenschaften: Manche sind glatt, fließend, glänzend und kühl und erinnern an Seide oder Polyester, manche sind flauschig und voluminös, fast wie Wolle. Aus glänzenden Viskosefilamenten werden Futterstoffe gewebt, Viskose-Spinnfasern als Garnbestandteil sorgen bei Leinenstoffen für einen fließenderen Fall.

Dieses unterschiedliche Verhalten liegt an der Ausformung der Viskosefasern beim Spinnvorgang, vor allem am Faserquerschnitt und der Faserlänge. Es können glatte, stäbchenförmige Fasern mit rundem Querschnitt, aber auch gelappte und gezahnte Formen erzeugt werden, Fasern von 30–40 mm Länge, die der Baumwolle gleichen, aber auch wollähnliche oder leinenähnliche mit 150–300 mm Länge, Endlosfasern die feiner als Naturseide sind, aber auch mittelfeine, gleichmäßig dicke Fasern ebenso wie Fasern mit schwankendem Querschnitt, hochglänzende Fasern, aber auch mattierte.

Textilkennzeichnung: VI, CV; Bügeln: 160–180 °C (2 Punkte)

Vlieseline → Einlage

Vliesofix

Klebemasse zum Verbinden von zwei Stofflagen, z. B. beim Fixieren von Applikationen. Die Klebemasse befindet sich als dünne Schicht auf einem Trägerpapier. Auf die Papierseite können mit Bleistift Motive gezeichnet oder durchgezeichnet werden. Das Motiv grob ausschneiden und mit der Klebeschicht nach unten auf die linke Seite des Applikationsstoffs bügeln (2 Punkte/150 °C). Das Applikationsmotiv lässt sich nun präzise ausschneiden, da der Stoff durch das Papier versteift ist. Wenn das Schutzpapier abgezogen wird, kann die Applikation mit Dampf oder einem feuchten Tuch unter dem Bügeleisen auf den Untergrund aufgebügelt werden.

Voile

Der französische Name Voile, Schleier, charakterisiert, worum es sich bei diesem Stoff handelt: Voile ist ein zartes, transparentes Gewebe, feinfädig und leicht, wie ein Schleier, meistens aus reiner Baumwolle. Das Garn, aus dem der Stoff in Leinwandbindung locker gewebt wird, ist fest gezwirnt und sorgt für einen etwas rauen Griff des Materials. Im Vergleich zu feinem → Batist wirkt Voile unregelmäßiger, die Fäden liegen weiter auseinander, er fällt weicher. Im frühen 19. Jahrhundert war Voile schon einmal sehr *en vogue*, als die Mode nach der französischen Revolution weiße, zarte Kleider favorisierte, im Kontrast zu den steifen, überladenen Roben, die sinnbildlich für die Prasserei des Adels standen. Diesen informellen Charakter hat Voile bis heute behalten: Voile ist ein Stoff für weite Blusen und Kleider, für Ibizamode mit weißer Spitze oder als leichtes Futter im Oberteil von Sommerkleidern.

✂ Zum Zuschneiden ein Laken unterlegen, falls der Stoff zu sehr verrutscht.

Mit sehr feiner Standardnadel (60er oder 70er) und feinen Stichen (2 mm) nähen. Geradstichplatte und -fuß verwenden, wenn der Stoff in die Maschine gezogen wird. Falls sich die Nähte zusammenziehen, die Fadenspannung und den Nähfußdruck herabsetzen.

Mit Baumwolltemperatur (3 Punkte/200 °C), bei Chemiefaserbeimischung mit entsprechend niedrigerer Temperatur bügeln.

W

Wachstuch

Unter Wachstüchern verstand man früher tatsächlich Stoffe, die mit einer Beschichtung aus Bienenwachs und Öl oder Fett wasserdicht gemacht wurden wie das Ölzeug der Seeleute. Heute sind unter der Bezeichnung Wachstuch vor allem zwei verschiedene Materialien im Handel: Baumwollstoffe mit einer Beschichtung aus Kunststoff (→ Acryl, PVC oder Polyurethan) und Wachstücher aus PVC ohne Gewebe, im Grunde handelt es sich dabei um eine dicke, bedruckte und auf der Rückseite weiß beflockte Folie.

Neben dem naheliegenden Einsatz als Tischdecke werden Wachstücher oft als wasserabweisendes Futter oder Außenmaterial für Taschen, Portemonnaies, Buchhüllen und Körbe verwendet. Wachstücher ohne Geweberückseite sind dabei zum Nähen weniger gut geeignet, denn die Nähte reißen bei Zug leicht aus.

✂ Nicht mit der guten Stoffschere zuschneiden! Nur auf den Nahtzugaben stecken, denn Löcher im Stoff schließen sich nicht mehr.

Beim Nähen mit Klammern (Wonderclips, Foldback-Klammern, Haarspangen, Büroklammern) zusammenhalten. Mit mittlerer Nadelstärke (80er oder 90er) und großer Stichlänge (3,5 mm) nähen.

Nicht bügeln.

Waffelpikee → Pikee

Walk

Walken nennt man den Vorgang, bei dem ein angefeuchtetes Vlies oder ein Stoff aus Wollfasern bei Feuchtigkeit und Wärme gerollt und geknetet wird, so dass sich die Schuppen der Wollhaare verhaken und → Filz entsteht. Wollwalk ist aber kein echter Filz, denn seine Grundlage bildet ein dicker, gestrickter Stoff, der lediglich so angefilzt wird, dass eine einheitliche, flauschig-körnige Oberfläche entsteht, aber eine gewisse Elastizität erhalten bleibt. Walk ist ein rustikales Material, das häufig ungefüttert zu leichten Jacken, Mänteln, Kleidern oder Röcken verarbeitet wird. Walk dehnt sich leicht aus und neigt dazu, sich an die Körperformen anzupassen, daher müssen Teile wie Rockbünde und Knopfleisten verstärkt werden.

✂ Beim Platzieren der Schnittteile die Dehnbarkeit des Walks beachten. Walk franst nicht aus, daher müssen die Teile nicht versäubert werden.

Mit Standardnadeln mittlerer Stärke (80er oder 90er) und mit mittlerer Stichlänge (2,5 mm) nähen.

Mit Wolltemperatur (2 Punkte/150 °C) und eventuell mit etwas Dampf bügeln – die Bügeleiseneinstellung vorher an einem Rest testen, Walk kann beim Bügeln mit Dampf schrumpfen.

Walkfrottier → Frotté

Watteline → Einlage

Waxprint, Dutch Wax

Oft pauschal als »Afrikastoffe« bezeichnete, gewebte feste Baumwollstoffe mit sehr großformatigen farbenprächtigen Mustern, häufig Blumen, Sterne und organische Formen, aber auch Abbildungen von Gegenständen (Kämme, Geldscheine, Schallplatten, Schuhe, Handys,

Laptops), Tieren, Politikern oder bekannten Persönlichkeiten. Die Muster spielen oft auf aktuelle Ereignisse oder Sprichwörter an und werden passend zu bestimmten Anlässen von der Trägerin ausgewählt.

Die Geschichte der Waxprints beginnt auf Java und ist eine Geschichte der wechselseitigen kulturellen Aneignung. Indonesien war im 19. Jahrhundert eine holländische Kolonie und bekannt für feine mehrfarbige, in Wachsbatik-Technik floral gemusterte Baumwollstoffe (vgl. auch die Bezeichnung → Javanaise für feine gemusterte Viskosestoffe). Diese Stoffe waren sehr teuer, denn das Wachs, das die Musterstellen von Farbe frei hielt, wurde von Hand aufgetragen und detaillierte Muster erforderten mehrere Wachs- und Färbegänge, so dass die Produktion mehrere Wochen in Anspruch nahm. Von der Mitte des 19. Jahrhunderts an versuchte man in den Niederlanden und Belgien, diese Stoffe nachzuahmen, um sie in der Kolonie zu verkaufen. Die maschinell in Europa mit Wachs bedruckten und gefärbten Stoffe kamen jedoch nicht an die Qualität der Handarbeit heran und wurden in Indonesien verschmäht, so heißt es. Die Kolonialherren verkauften sie daraufhin in den niederländischen Handelsstützpunkten an der Küste Ghanas und im Kongo und mit der Zeit richteten sich die Muster und Farben mehr und mehr am Geschmack der Käuferinnen in den west- und zentralafrikanischen Ländern aus.

Hochwertige Waxprints werden bis heute in den Niederlanden produziert, der bekannteste Hersteller ist Vlisco aus Helmond, zu dem die Marken Uniwax (Republik Elfenbeinküste), Woodin und GTP (beide Ghana) gehören. Andere Hersteller sind Jansen-Nanick mit der Marke Julius Holland (Helmond, NL) und Josef Otten (Hohenems, Österreich). Populäre Stoffmuster werden mittlerweile aber auch in China kopiert, oft in Digitaldrucktechnik auf Polyesterstoffen.

Über die Haute Couture gelangten Waxprints in den letzten Jahren in die europäische Mode: Nach Dries van Noten, Jean-Paul Gaultier und Junya Watanabe verwendeten zuletzt Marken wie Stella Jean und Lena Hoschek die auffälligen Drucke in ihren Kollektionen, so dass es nur noch ein Frage der Zeit sein dürfte, bis diese Muster auch im mittelpreisigen Konfektionssegment ankommen. Waxprint-Stoffe findet man oft in Geschäften für afrikanische Lebensmittel, meistens als Coupons von 6 yards (5,49 m), der feste Baumwollstoff liegt in der Regel 1,15 m breit, er wird durch häufiges Waschen weicher.

Wildseide, Tussahseide
Als Wildseide werden die Kokonfäden von wild lebenden asiatischen Faltern wie dem Eichenspinner und dem Tussahspinner in Japan und China bezeichnet, deren Raupen nicht gezielt gezüchtet werden. Die Kokons werden erst nach dem Schlüpfen der Falter von den Bäumen gesammelt. Wildseide wird daher manchmal auch als »Bio-Seide« angepriesen, denn keine Raupe musste dafür sterben. Die Seidenfasern sind kürzer als bei Zuchtseide, denn der Schmetterling reißt den Kokon auf, wenn er sich davon befreit. Wildseidenstoffe sind eher matt, aus dickem, noppigen Garn und erinnern in Struktur und Griff oft eher an Leinen als an Seide. Da die Seidenfäden bei Wildseide meistens nicht vollständig entbastet, also vom Seidenleim befreit werden können, ist die Färbung oft unregelmäßig. Typische Wildseidenstoffe sind → Honan und → Shantung.

Wildseide eignet sich für leichte Jacken und Jacketts, Etuikleider, Röcke und Blusen, wobei körpernah sitzende Schnitte immer gefüttert werden sollten, da die locker gewebten Stoffe nicht viel Zug aushalten.

✂ Wildseide franst sehr leicht aus, daher breite Nahtzugaben anschneiden und gleich nach dem Zuschneiden versäubern.

Mit Standardnadel mittlerer Stärke (80er) und mit mittlerer Stichlänge (2,5 mm) nähen. Die Nahtlinien eventuell mit dünnen aufgebügelten Einlagestreifen stabilisieren – da Wildseide sehr locker gewebt ist, verschieben sich die Gewebefäden leicht.

Mit niedriger bis mittlerer Temperatur (2 Punkte/150 °C) trocken bügeln.

Wolle

Das abgeschorene Haarkleid des Schafs gehört mit → Leinen zu den ältesten Fasern, die Menschen in Europa zur Herstellung von Textilien nutzten.

Schafwolle unterscheidet sich in Faserlänge und Faserdicke sehr stark je nach Schafrasse. Merinoschafe, eine spanische Rasse, liefern eine stark gekräuselte feine Wolle mit 2–10 cm Faserlänge, die wenig kratzt. Merinoschafe wurden fast überall mit lokalen Schafrassen gekreuzt, die an die klimatischen Bedingungen angepasst sind. Diese sogenannten Crossbreds haben längere und weniger stark gekräuselte Wolle. Cheviotschafe liefern »Teppichwolle« mit besonders langen, wenig gekräuselten, dicken Fasern.

Neben der Klassifizierung der Schafwolle nach Faserlänge und Schafrasse gibt es weitere Qualitätsstufen. Schurwolle darf nur die vom lebenden Tier gewonnene Wolle genannt werden. Lammwolle ist die Wolle der ersten Schur bei sechs Monate alten Tieren. Hautwolle stammt von geschlachteten, gesunden Schafen, Kalkwolle oder Gerberwolle wird beim Gerben von Schafleder gewonnen, Reißwolle ist bereits versponnene und zu Stoff verwebte Wolle, die auseinandergerissen und recycelt wird.

Die Verarbeitung von Wolle zu Garn und schließlich zu Stoff ist ein langwieriger Prozess, der eine Menge Chemikalien und Wasser verbraucht. Industriell verarbeitete Wolle ist in der Regel alles andere als ein naturbelassenes Produkt.

Die abgeschorenen Wollvliese werden zunächst nach Wollqualitäten sortiert, denn die Wolle an den Schultern und an den Seiten des Schafs hat eine bessere Qualität als die Wolle am Rücken oder an den Beinen. Anschließend wird die Wolle gewaschen, denn Wollfett, Schmutz und Pflanzenteile können bis zu 50 % des Gewichts des Wollvlieses ausmachen.

Beim Waschen wird ein Teil des Wollfetts ausgewaschen, Kletten bleiben aber oft noch in den Wollfasern hängen. Sie werden vor dem

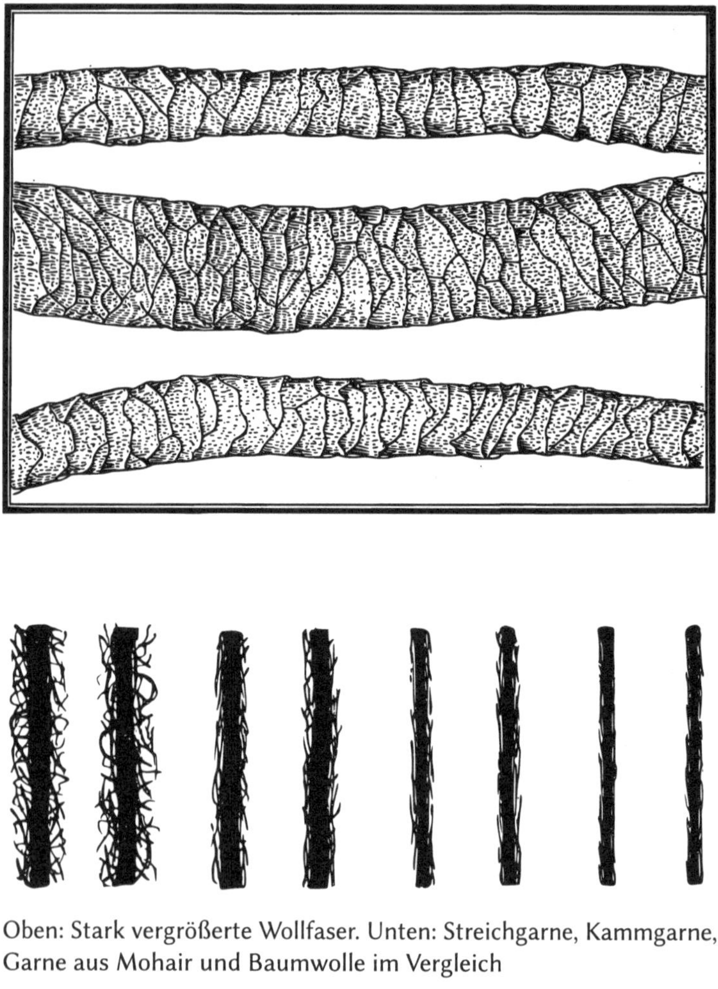

Oben: Stark vergrößerte Wollfaser. Unten: Streichgarne, Kammgarne, Garne aus Mohair und Baumwolle im Vergleich

Spinnen durch Carbonisieren entfernt, durch das Tränken der Wolle mit verdünnter Schwefelsäure oder Salzsäure und Trocknen im Carbonisierofen, wobei die Pflanzenteile verkohlen. Durch Behandlungen wie dem sogenannten Brennen – dem Überbrühen der Wollfäden mit kochendem Wasser – oder dem Dekatieren – einer Behandlung von Wollstoffen mit Dampf – wird das Einlaufen der Stoffe minimiert.

Filzfrei-Ausrüstungen, wie man sie vor allem von Strickwolle kennt, verändern die schuppenartige Oberfläche der Wollfaser: Entweder wird die Faserschicht mit Chemikalien aufgeweicht, so dass die Schuppenkanten ihr Profil verlieren und sich weniger leicht verhaken können, oder die Schuppenschicht wird durch Kunstharze bedeckt und geglättet.

Wolle besteht aus Keratin, einem Eiweißmolekül aus etwa zwanzig Aminosäuren, die langgestreckte Ketten bilden und die brückenartig verbunden sind. Der Faserstamm ist von einer Schuppenschicht umgeben, die bei Feuchtigkeit aufquillt und unter Reibung zum Verfilzen der Wollhaare führt. Da die Faser eine wellige Struktur hat, ist sie sehr elastisch.

Wolle nimmt Feuchtigkeit leicht auf, die Faser quillt dabei auf und springt in ihre ursprüngliche Form zurück. Im Wasser lösen sich aber auch einige der brückenartigen Verbindungen im Inneren der Faser auf, so dass die spiralförmigen Eiweißketten des Moleküls leicht gedehnt und gestreckt werden können, zum Beispiel, wenn man ein gestricktes Tuch wässert und anschließend aufspannt.

Wenn die Wolle trocknet, bleiben die Eiweißketten der Wollfaser im gestreckten Zustand. Das funktioniert umso besser, je länger die Wolle in Wasser eingeweicht wird und je länger sie Zeit hat, in der gespannten Form wirklich gründlich zu trocknen. Genauso kann Wolle beim Bügeln mit Dampf gut geformt werden, verliert aber ihre Elastizität, wenn sie zu lange gebügelt wird, das heißt, wenn zu viele der Brückenglieder aufgelöst werden und die Faser sehr stark gestreckt wird (»totbügeln«).

Wolle kann viel Wasserdampf aufnehmen, ohne sich feucht anzufühlen. Sie knittert wenig, ist elastisch und isoliert sehr gut, weil die gekräuselten Fasern viel Luft einschließen.

Typische Wollstoffe sind → Bouclé, → Diagonal, → Flausch, → Flanell, → Loden, → Tuch, → Tweed.

Textilkennzeichnung: WO; Bügeln: 160–190 °C (2 Punkte)

Z

Zephir, Zefir

In der griechischen Mythologie stellt der Jüngling Zephyros die Verkörperung des Westwinds und den Vorboten des Frühlings dar. Warum der feinfädige, weiche → Batist aus → merzerisierter → Baumwolle, aus dem Oberhemden gemacht werden, nach dieser Gestalt der griechischen Götterwelt benannt wurde, lässt Raum für Spekulationen: Weil sich Zefir so glatt und angenehm anfühlt wie ein warmer Westwind aus den Bergen zu Beginn des Frühlings? Zefir ist meistens garngemustert, das heißt die Streifen- oder Karomuster, die typisch für Hemdenstoffe sind, entstehen durch das Verweben gefärbter Garne. Römerstreifen sind mehrfarbige, kontrastreiche Streifen oder Streifengruppen. Tatersallkaro ist ein kleines Gitterkaro in Kontrastfarbe auf weißem oder cremeweißem Grund.

Mit feiner bis mittlerer Standardnadel (70er, 80er) und feinen Stichen (2 mm) nähen.

Mit Baumwolltemperatur (3 Punkte/200 °C) und Dampf, Stoffe mit Chemiefaserbeimischung bei entsprechend niedrigerer Temperatur.

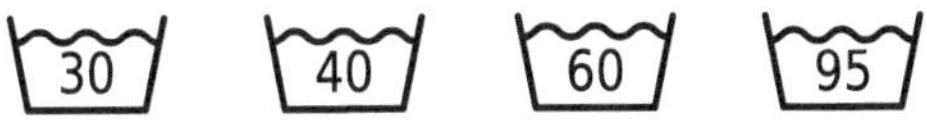

Mit der angegebenen Temperatur waschbar

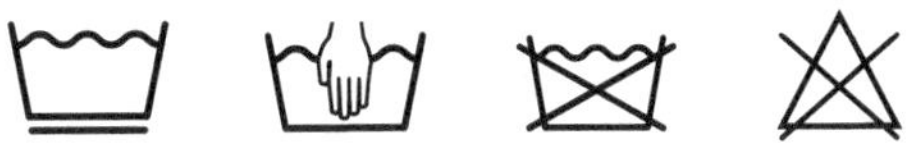

Schonwäsche – Handwäsche – nicht waschbar – nicht bleichen

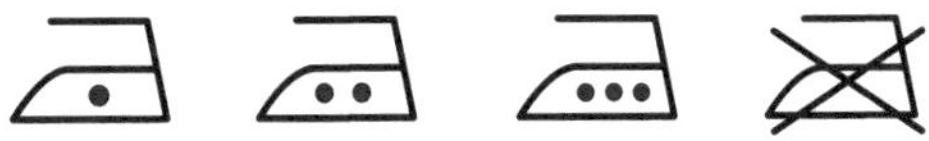

Mit geringer, mittlerer, hoher Temperatur bügeln – nicht bügeln

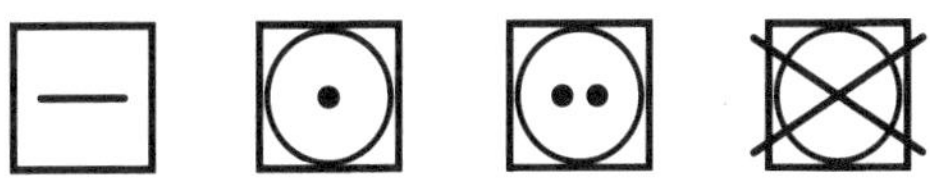

Liegend trocknen – bei geringer, mittlerer Temperatur im Wäschetrockner trocknen – nicht in den Wäschetrockner

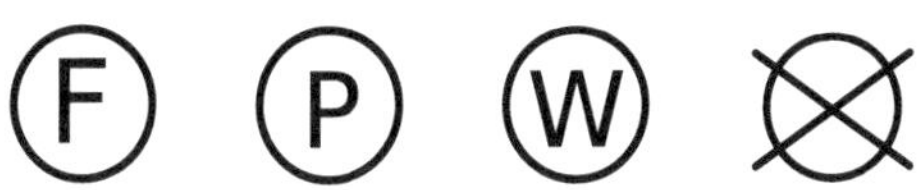

Reinigung mit Kohlenwasserstoff-Lösemittel – Reinigung mit Perchlorethylen – Nassreinigung – nicht reinigen

Waschsymbole

Zum Weiterlesen

Adebahr-Dörel, Lisa; Völker, Ursula: *Von der Faser zum Stoff. Textile Werkstoff- und Warenkunde.* 30. Auflage, Hamburg 1990

Eberle, Hannelore; Gonser, Elke (u. a.): *Fachwissen Bekleidung.* 10. Auflage, Haan-Gruiten 2013

Hallet, Clive; Johnston, Amanda: *Fabric for Fashion, The Swatch Book.* London 2010

Hofer, Alfons: *Stoffe. 1. Rohstoffe, Fasern, Garne und Effekte.* Frankfurt/Main 1997

Hofer, Alfons: *Stoffe. 2. Bindung, Gewebemusterung, Veredelung.* Frankfurt/Main 1997

Knight, Lorna: *The Sewing Stitch & Textile Bible. An Illustrated Guide to Techniques and Materials.* New York 2013

Loschek, Ingrid: *Reclams Mode- und Kostümlexikon.* 3. Auflage. Stuttgart 1994

The Mood Guide to Fabric and Fashion. The Essential Guide from the World's Most Famous Fabric Store. New York 2015

Sposito, Stefanella: *Fabrics in Fashion Design. The Way Successful Fashion Designers Use Fabric.* Barcelona 2014

Trocme, Suzanne: *Stoffe. Die Welt der modernen Textilien.* Bern 2003

Bildnachweis

Die Abbildungen in diesem Buch wurden auf Grundlage von Grafiken aus den folgenden Büchern erstellt. Vielen Dank an alle Bibliotheken, die ihre gemeinfreien Werke der Allgemeinheit zugänglich machen.

Bocken, Hubert J.: Ramie. In: *Der Tropen-Pflanzer. Zeitschrift für tropische Landwirtschaft.* Berlin 1906. (S. 130)
Caulfeild, Sophia F. A.; Saward, Blanche C.: *The dictionary of needlework.* London 1882. (S. 146)
Dodge, Charles Richards: *Useful fiber plants of the world.* Washington 1897. (S. 25, 78, 97)
Ewer, Warren Baxter: *The California silk growers' manual.* San Francisco 1882. (S. 140, 141)
Florence Home-Needlework, Nonotucket Silk Company. 1895. (S. 146)
Gilroy, Clinton G.: *The art of weaving by hand and by power.* New York 1844. (S. 156)
Hardwicke's science gossip: an illustrated medium of interchange and gossip für students and lovers of nature. London 1886. (S. 14, 25)
Kissel, Mary Lois: *Yarn and cloth making: An economic study.* New York 1918. (S. 81)
Marsden, Richard: *Cotton weaving: it's development, principles and practice.* London 1895. (S. 29)
Posselt, Emanuel Anthony: *Technology of textile design.* Philadelphia 1888. (S. 8, 31, 118, 135)
Posselt, Emanuel Anthony: *Textile calculations.* Philadelphia 1896. (S. 170)
Strick- und Wirkware: Bastianowa (Bastiana), eigenes Werk, CC BY-SA 2.5 und Maplex, eigenes Werk gemeinfrei via Wikimedia Commons. (S. 83)
Textilsiegel: Internationale Gemeinschaft für Forschung und Prüfung auf dem Gebiet der Textil- und Lederökologie (Oeko-Tex), Global Organic Textile Standard International Working Group (GOTS), Internationaler Verband der Naturtextilwirtschaft (IVN Best), Bundesumweltministerium (Blauer Engel), EU Ecolabelling Board (EU Ecolabel), Fairtrade Labelling Organizations International (Fairtrade Cotton), Bundesministerium für wirtschaftliche Zusammenarbeit und Entwicklung (Grüner Knopf), Cradle to Cradle Products Innovation Institute (Cradle to Cradle), Fair Wear Foundation (Fair Wear), Better Cotton Initiative (BCI). (S. 153)
The wonders of the animal kingdom: exhibiting delineations of the most distinguished wild animals in the various menageries of this country. London 1830. (S. 20)
Tops, a new American industry; a study in the development of the American worsted manufacture. Arlington Mills, Cambridge 1898. (S. 170)
Turner, Annabell: *Study of fabrics.* New York, London 1920. (S. 29)

Zur erweiterten Ausgabe 2023

Seit der ersten Auflage des Stofflexikons 2016 wurde es Jahr für Jahr nachgedruckt. Nach sieben Jahren war eine Überarbeitung fällig, denn mittlerweile haben sich einige neue Materialien wie Lyocell, Double Gauze und Oilskin verbreitet. Der Lexikonteil der erweiterten Neuausgabe enthält daher 25 neue Artikel und etliche alte Einträge wurden ergänzt und auf den neuesten Stand gebracht.

Wenn Sie *Stoff und Faden* nützlich und unterhaltsam finden, schenken Sie ein Exemplar Ihrer Nähfreund:in und empfehlen Sie es gern weiter, kleine Verlage sind auf solche Mundpropaganda angewiesen.

Für Anmerkungen, Ergänzungen und Fragen erreichen Sie mich unter `buecher@texte-und-textilien.de`.

Auf der Webseite des Verlags Texte + Textilien `www.texte-und-textilien.de` finden Sie außerdem weitere Bücher über Textilien und Mode, die alle Nähnerd-Herzen höher schlagen lassen.

Constanze Derham, Berlin im Oktober 2023